Reklame

Stuttgart, 21. März 1927 | Preis 60 Pfennig | 31. Jahrgang Nr. 51

SIMPLICISSIMUS

Herausgabe in München
Postversand in Stuttgart

Begründet von Albert Langen und Th. Th. Heine

Bezugspreis vierteljährlich 7.50 Reichsmark

Sie tragen die Buchstaben der Firma — aber wer trägt den Geist?!

Reklame Reklame Reklame Reklame Reklame Reklame

Dieses Buch will die Begegnung mit einem reichen Kapitel deutscher Karikaturentwicklung ermöglichen.

Es kann noch keine Geschichte der Karikatur in der Weimarer Republik sein; dazu müssen weitere Detailuntersuchungen geleistet werden. Es soll allerdings ein Beitrag zu einer derartigen Geschichte sein, indem es einen bestimmten Rahmen absteckt, Akzente angibt und auch eine Richtung notiert, in der dieses Vorhaben verfolgt werden könnte. Die Situation ist – zumindest teilweise – so, daß sich eine derartige Aufgabe als dringlich erweist, denn etliches Material ist nur noch selten aufzufinden, einige Daten lassen sich bereits heute nicht mehr ermitteln. Nachdrücklicher noch fordern die historischen Einsichten, die uns durch diese Karikaturen vermittelt werden können, dazu auf, dieses kunstgeschichtliche Material für das Heute zu erschließen. In Anbetracht der Forschungslage entschieden die Autoren, sich zunächst auf Karikaturen und Zeichner der wichtigsten satirischen Zeitschriften der Weimarer Republik zu beschränken, allerdings derart in Umfang und Auswahl, daß eine im ganzen repräsentative Aussage möglich wurde.

Die moderne deutsche Karikatur beginnt im Vorfeld bzw. während der Revolution von 1848, als eine größere Zahl satirischer Zeitschriften gegründet wird. Seitdem sind derartige Blätter das wesentliche Medium für die Verbreitung der Karikatur in Deutschland. Gerade Zeiten besonders angespannter sozialer und politischer Kämpfe haben stets Karikaturen in reichem Maße hervorgebracht. Deshalb ist es nicht verwunderlich, daß in den Jahrzehnten nach der Niederlage der Revolution für die Entwicklung der deutschen Karikatur kein fruchtbarer Boden existiert. Erst im späten 19. Jahrhundert, als die Arbeiterbewegung unter Führung der Sozialdemokratie im reaktionären Kaiserreich ein erstrangiger politischer Faktor wird und sich innerhalb des Bürgertums eine gewisse Differenzierung vollzieht, erfährt die Karikatur in der Auseinandersetzung mit den Kräften des Imperialismus einen beachtlichen Aufschwung. Diese Phase wird durch den ersten Weltkrieg abgebrochen. An dessen Ende ist wiederum eine revolutionäre Situation herangereift. Doch nach dem Niederschlagen der Novemberrevolution stehen sich die sozialen und politischen Kontrahenten während der Weimarer Republik in einem sehr spannungsvollen Feld gegenüber, zumal der Reaktion mit den Kommunisten nun der entschiedenste Gegner erwachsen ist. In diesem Prozeß erfährt die Karikatur wiederum eine breite Entfaltung, die 1933 gewaltsam beendet wird.

Dieses Buch will auf das Besondere der letztgenannten Periode deutscher Karikaturgeschichte verweisen, auf das, was sie mit der Tradition verbindet, und vor allem auf das, was sie davon abhebt. Dabei werden die politisch begründeten Unterschiede und Gegensätzlichkeiten in der Karikatur als ein Charakteristikum dieser Periode verstanden.

KLAUS HAESE
WOLFGANG U. SCHÜTTE

FRAU REPUBLIK GEHT PLEITE

DEUTSCHE KARIKATUREN DER ZWANZIGER JAHRE

1 Thomas Theodor Heine
Republik
Sie tragen die Buchstaben der Firma – aber wer trägt den Geist?!
Simplicissimus (1926/27) 51

DEUTSCHE KARIKATUREN DER ZWANZIGER JAHRE

Man sollte die Dinge so nehmen, wie sie kommen.
Aber man sollte dafür sorgen,
daß die Dinge so kommen, wie man sie nehmen möchte!
(Curt Götz)

Lieber Ekkehard, in diesem Sinne wünschen wir Dir
weiterhin viel Erfolg und alles Gute
Volker [illegible] u. Familie
Alfeld, 1.9.95

KLAUS HAESE
WOLFGANG U. SCHÜTTE

FRAU REPUBLIK GEHT PLEITE

Edition Leipzig

Hanne zum Gedenken

Die Reproduktionen für die
Abbildungen im vorliegenden Band
fertigten freundlicherweise
Sylvia-Marita Plath, Carin
Plessing und Christa Sembritzki an.

Haese, Klaus
Frau Republik geht pleite : dt. Karikaturen d.
zwanziger Jahre / Klaus Haese ; Wolfgang U. Schütte.
– 1. Aufl. – Leipzig : Edition Leipzig, 1989.
– 144 S. : 205 Ill. (z.T. farb.)
ISBN 3-361-00251-6

Lizenznummer: 600/89/15
Gestalter: Maja Thorn
Lektor: Marianne Portius
Gesamtherstellung:
Grafische Werke Zwickau
Printed in the German
Democratic Republic
Bestellnummer: 594 723 0
ISBN 3-361-00251-6
06800

INHALT

1 DER ›SIMPLICISSIMUS‹ UND DER DEUTSCHE MICHEL

2 Erich Schilling
Um die höchste Würde
Das Reichspräsidentschafts-rennen der Parteien
Simplicissimus (1924/25) 52

Als die Weimarer Republik proklamiert wurde, konnten die Karikaturisten des »Simplicissimus« bereits auf einen bedeutenden Beitrag zur Geschichte der deutschen Karikatur verweisen. Seit 1896 – dem Gründungsjahr des »Simplicissimus« – hatten sie eine breit angelegte, unmittelbar gerichtete, klug pointierte, äußerst scharfe Gesellschaftskritik mit ihrer Kunst betrieben, was in dieser Art damals neu war. Sie interpretierten mit dem Zeichenstift die innen- und außenpolitischen Debatten des Reichstages, setzten sich mit dem Klerikalismus auseinander, prangerten die Arroganz der Offiziere und den brutalen Drill auf den Kasernenhöfen an. Sie machten die anachronistische Rolle des Adels lächerlich und gaben auch das Spießbürgertum dem vernichtenden Gespött preis. Die schamlose Ausbeutung der Kolonien forderte ebenso ihre Angriffe heraus wie die Willkür der Justiz. Den moralischen Verfall der herrschenden Kreise des Kaiserreiches nahmen sie häufig ins Visier und auch die Bedrohung der humanistischen Kultur. Oft fanden sie sehr bittere Töne für ihre Anklagen gegen die soziale Ungerechtigkeit. Sie erfanden und zeichneten Typen des ausgemergelten Arbeiters und des satten, zynischen Reichen, des hochnäsigen Leutnants und des stupiden Korpsstudenten, des machtgefälligen Junkers, des intriganten Klerikers oder des anmaßenden Richters. Sie schufen sich – jeder auf individuelle Weise und dennoch einander verwandt – einen Zeichenstil, mit dem sie ihre aggressive Kritik visualisieren konnten, einen Stil der verknappten, großzügigen Formen, der kontrastierenden Flächen, ausdrucksbetonten Linien und signalisierenden Farben. Ebenso hatten sie allerdings bereits einmal ihre Position den im Kaiserreich herrschenden Mächten untergeordnet, als sie bei Ausbruch des ersten Weltkrieges mit Bravour in die Reihen der »Vaterlandsverteidiger« eingerückt waren.

3 Thomas Theodor Heine
In den Schächten.
Geister der Tiefe sind an der Arbeit, die Heimaterde zu vernichten.
Simplicissimus (1918/19) 43

Es war die Frage, wie die »Simplicissimus«-Zeichner nach den Erschütterungen durch Krieg und Revolution die nunmehr republikanische Gesellschaft betrachten würden. Denn der Mitarbeiterstamm blieb zunächst im wesentlichen unverändert. Sie waren noch da, die berühmten Namen: Thomas Theodor Heine, Eduard Thöny, Wilhelm Schulz, Olaf Gulbransson, Karl Arnold, Erich Schilling. Aber der einstige Kaiser machte keine Geschichte mehr, Serenissimuswitze waren überholt, der kecke Leutnantstyp hatte im Grauen der Schlachtfelder sein Ende gefunden. Der Spießbürger war aufgeschreckt, und der Adel ging unter. Der alte Reichstag war hinweggefegt, mit dem Parlament der bürgerlichen Republik jedoch hatte man noch keinerlei Erfahrung. Die einst so bissig attackierten Kohlenbarone an Rhein und Ruhr hingegen trieben weiterhin ihr Gewerbe und änderten nur ihr Gesicht. Doch der so oft im »Simplicissimus« gezeigte Typ des ausgepowerten, willenlosen Arbeiters war durch die historischen Ereignisse widerlegt worden und verlangte die bildliche Alternativfigur des revolutionären Arbeiters. Aber nicht ihn hatten Heine, Gulbransson oder Arnold gezeichnet, sondern den unberechenbaren Wühler (Abb. 3), den Hetzer, Mörder und Zerstörer.

Rückschauend darf man sagen, daß Karl Arnold unter den Karikaturisten des »Simplicissimus« derjenige war, der den ausgeprägtesten Spürsinn für die sozialen Probleme in der Weimarer Republik hatte und dafür auch die am meisten komprimierten Bildideen fand. Karl Arnold hatte seit 1907 für den »Simplicissimus« gearbeitet und vor dem ersten Weltkrieg seinen Stil im wesentlichen ausgeprägt – einen Stil des festen Strichs, der klaren Flächen, des Verzichts auf die Detailfülle. Damit hatte er sich in das Erscheinungsbild der »Simplicissimus«-Karikatur eingefügt, die letzlich aus dem Jugendstil und seinem Umfeld hervorgegangen war. Weitere Anregungen hatte er während seines

---

1 Karl Arnold. Werke aus den Jahren 1908–1942. Galleria Henze. Campione d'Italia 1986. S. 5 (Wolfgang Henze)

2 Ebenda. Schon Wieland Schmied hat sich mit dieser Zuordnung kritisch auseinandergesetzt und kommt zu dem Schluß: »Die Welt einer zeitgenössischen Sachlichkeit mit Bubikopfmode, Taillenschnitt und funktioneller Wohnungseinrichtung bestimmte eher seine Themen und Gegenstände als seinen Stil.« Karl Arnold. Leben und Werk des großen »Simplicissimus«-Zeichners. Hrsg. Fritz Arnold. Einleitung Wieland Schmied. Hamburg 1979. S. 7

3 MANN, Thomas: Briefe 1889 bis 1936. Frankfurt/Main 1961. S. 265

4 Karl Arnold
Papiergeld! Papiergeld!
»Brot! Brot!«
Simplicissimus (1923/24) 11

Paris-Aufenthaltes 1910/11 erhalten, besonders durch die Kunst Toulouse-Lautrecs. Damals hatte sich bereits sein Vermögen gezeigt, in den alltäglich erscheinenden Begebenheiten wesentliche soziale oder kulturelle Phänomene in sozialpsychologisch bestimmten Typen auszudeuten. Diesen Stil entwickelte Karl Arnold dann in den zwanziger Jahren zu großer Reife. Sein Strich gewann an Festigkeit und Spannung und wurde zugleich auch fließender. Seine Blätter waren konsequent flächig aufgefaßt, was sie ebenso sehr einprägsam machte wie die zurückhaltende, oftmals tonige Farbigkeit. Seine Typen charakterisierte er mit den sparsamsten zeichnerischen Mitteln. Exaktheit und Eleganz sind unter anderem zutreffend als seine Stilmerkmale benannt worden.[1] Die Genauigkeit im Festhalten des Beobachteten ist als Begründung dafür genommen worden, Karl Arnolds Zeichenkunst der »Neuen Sachlichkeit« zuzuordnen.[2] Doch gerade die Eleganz, das ästhetisch Kultivierte seiner gestalterischen Auffassung sprechen neben anderem gegen diese stilhistorische Bestimmung. Thomas Mann bezeichnete 1927 die künstlerische Position Karl Arnolds auf andere Weise, indem er ihn zwischen zwei zeitgenössische Graphiker stellte: Er stünde zwischen Olaf Gulbransson und George Grosz, »schärfer im Sozialen, als jenes humoristische Genie, zwei Nuancen versöhnlicher als dieser graphische Schriftsteller des Hasses – niemals eigentlich gutmütig, das will ich meinen, – die bürgerliche Sphäre liegt weit ab, weit zurück –, sondern voller Kritik und ästhetisch-moralischer Reizbarkeit vor der Erscheinung ...«[3] Ja, sie reizten ihn moralisch und ästhetisch – die Kriegsgewinnler, Devisenschieber, Snobs, diese neureichen Typen, die aus der Not der werktätigen Menschen Kapital schlugen. Er empörte sich, als die Fürsten 1926 Abfindung verlangten: »Ich bin zu wenig Untertan, um die Fürsten fett aufzuwerten, wenn alle meine deutschen Mitmenschen sich mit 0,0 abfinden lassen müssen ... dieses fürstliche Verlangen ist ein grober Witz der Weltgeschichte, so daß die Karikatur nur anzumerken braucht, was geschah.«[4] (Abb. 5). Er zeichnete die neuen Gestalten der Armut, die Kriegsinvaliden, Inflations- und Krisenopfer (Abb. 4, 15), um ihre Not anklagend vor Augen zu führen. Karl Arnold karikierte den Typ des Parlamentariers als einen, dem es nicht um die Anliegen der Wähler geht, und den nunmehr republikanischen Wähler in seiner Wahl-Not gegenüber dem vielfältig schillernden Angebot der Parteien. Er zeichnete friedensbedrohende Typen, doch die fand er nur im Ausland – vornehmlich in französischen Politikern, im französischen Ruhr-Besatzungssoldaten oder in Bolschewismusallegorien. Er attackierte diejenigen, die nach seiner Ansicht politische Extreme vertraten, und das waren für ihn die Faschisten ebenso wie die Kommunisten, und für beide erfand er uniformierte Typen, die dem Habitus des SA-Mannes bzw. des Rotfrontkämpfers nachgebildet waren. Immerhin war es schließlich doch Karl Arnold, der unter den »Simplicissimus«-Zeichnern am nachdrücklichsten die nationalsozialistische Demagogie entlarvte – soweit er sie erkannte (Abb. 7).

Insgesamt war Karl Arnold mehr Sozialkritiker als politischer Karikaturist. Deshalb spielte die Personalkarikatur von Politikern bei ihm ebenso eine geringe Rolle wie Allegorien oder Nationaltypen. Interessanterweise stand die tradierte Michel-Figur bei ihm stets für den durch Reparationslasten und Krisenfolgen ausgepowerten »einfachen« Deutschen und erhielt so mehr einen sozialen denn politischen Akzent. Sein Urteil über die soziale Ungleichheit in der Weimarer Republik trieb er nicht auf die Spitze einer scharfen politischen Stellungnahme und vermied deshalb, es in antithetische Kampfbilder zu fassen. Er war wohl tatsächlich mehr karikierender Chronist dieser bürgerlichen Repu-

---

4 Karl Arnold. Leben und Werk des großen »Simplicissimus«-Zeichners, a.a.O. S. 101
1926 hielten die durch die Novemberrevolution entthronten Landesfürsten die Zeit für gekommen, die Rückgabe ihrer 1918 konfiszierten Vermögen zu verlangen. Wie Karl Arnold protestierten viele Millionen Deutsche gegen dieses Ansinnen. Die KPD initiierte damals eine Massenbewegung für einen Volksentscheid zur entschädigungslosen Enteignung der Fürsten. Dieser Volksentscheid, der schließlich auch von der SPD und dem Allgemeinem Deutschen Gewerkschaftsbund getragen wurde, entwickelte sich zur größten Einheitsaktion der deutschen Werktätigen seit dem Ende der Nachkriegskrise.

5 Karl Arnold
Rettet die Fürsten!
»Und so trage, liebes Kind, unser letztes Scherflein ins königliche Schloß!«
Simplicissimus (1925/26) 44

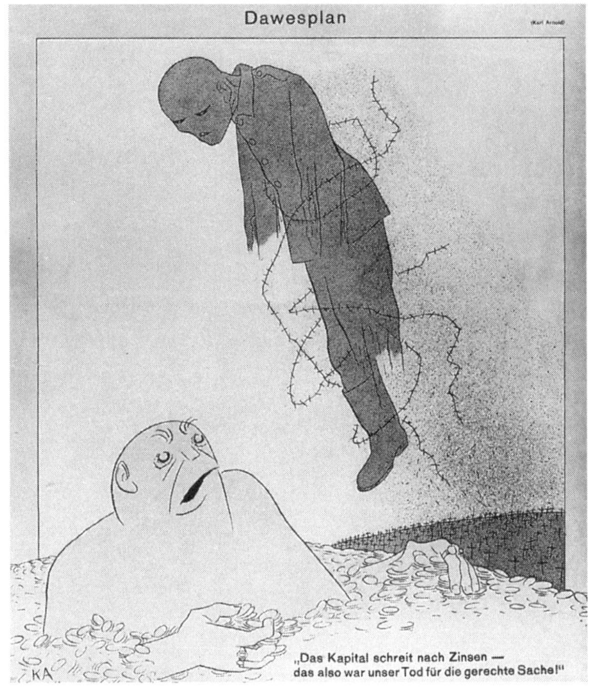

6 Karl Arnold
Dawesplan
»Das Kapital schreit nach Zinsen – das also war unser Tod für die gerechte Sache!«
Simplicissimus (1929/30) 5

7 Karl Arnold
Rechtsum, links schwenkt marsch!
»Aha, langsam kommt man dahinter, daß die Sache zwei Seiten hat!«
Simplicissimus (1932/33) 31

Stuttgart München 3. Dezember 1923

Preis 30 Pfennig
(>< Buchhändler-Schlüsselzahl)

28. Jahrgang Nr. 36

SIMPLICISSIMUS

Bezugspreis monatlich 1,20 Mark (>< Buchhändler-Schlüsselzahl)
Alle Rechte vorbehalten

Begründet von Albert Langen und Th. Th. Heine

Bezugspreis monatlich 1,20 Mark (>< Buchhändler-Schlüsselzahl)
Copyright 1923 by Simplicissimus-Verlag G. m. b. H. & Co., München

Der Münchner

(Karl Arnold)

Mei' Ruah möcht' i hamm und a Revalution,
A Ordnung muaß sei' und a Judenpogrom,
A Diktator g'hört hera und glei' davo'g'haut:
Mir zoagen's Enk scho', wia ma Deutschland aufbaut!

8 Karl Arnold
Der Münchner
Mei' Ruah möcht' i hamm und a Revalution,
A Ordnung muaß sei' und a Judenpogrom,
A Diktator g'hört hera und glei' davo'g'haut:
Mir zoagen's Enk scho', wia ma Deutschland aufbaut!
Simplicissimus (1923/24) 36

blik[5] als satirischer Kämpfer.[6] Demzufolge sah er auch die Schwierigkeiten für sich von ganz anderer Seite her. In einem Brief an Thomas Mann bekannte Karl Arnold 1932: »Der Karikaturenzeichner hat ja heute mehr Stoff als im wilhelminischen Zeitalter, aber leider benehmen sich die heutigen Wilhelmine schon derartig fertig karikiert, daß es oft schwer ist, ihre Lächerlichkeit lächerlich zu machen.«[7]

Thomas Theodor Heine dagegen war in erster Linie politischer Karikaturist. Die Analyse hat ergeben, daß sich fast die Hälfte seiner im »Simplicissimus« veröffentlichten Blätter auf die Tagespolitik bezieht.[8] Er hatte 1896 zu den Mitbegründern der Zeitschrift gehört und ihrem Bildteil bis 1914 wesentlich das Gepräge gegeben. Auch in der Weimarer Zeit belieferte er den »Simplicissimus« mit Karikaturen. Während Karl Arnold jedoch seinen Stil erst in den letzten Jahren vor dem ersten Weltkrieg ausgeprägt hatte, dieser sich deshalb in den zwanziger Jahren als noch entwicklungsfähig erwies, hatte Thomas Theodor Heine seine Gestaltungsweise bereits um 1900 voll entfaltet, und es konnten von ihr nach 1918 kaum noch Impulse für die Suche nach neuen karikaturistischen Möglichkeiten ausgehen. Heines Zeichenkunst war eindeutig aus dem Jugendstil erwachsen, was auch seine Beiträge zur Plakat- und Buchkunst erkennen lassen. Dabei hatte er sich allerdings eine erstaunliche Variationsbreite erarbeitet, von der auch nach dem ersten Weltkrieg noch etwas zu spüren war. Je nach Thema und Absicht hatte er seine Mittel modifiziert. Wollte er das Anachronistische von Monarchen und Adligen charakterisieren, verlieh er ihnen z.B. einen biedermeierhaften Habitus. Wollte er das Elend der Armen bildhaft machen, bediente er sich eines splitterigen Striches und stumpfer Farben. Im Unterschied zu Arnold arbeitete er mit reichlichem Detail, um seine Typen auch durch ihr Milieu geprägt zu zeigen. Gerade hier darf man sicher einen Zusammenhang mit dem Naturalismus vermuten, der bei Heine während der zwanziger Jahre ebenfalls noch nachweisbar bleibt (Abb. 9).

Thomas Theodor Heines Blatt »Sie tragen die Buchstaben der Firma – aber wer trägt den Geist?!« (Abb. 1) ist bezeichnend für ihn und für die Einstellung des »Simplicissimus« insgesamt. Neben der Sozialkritik war es insbesondere die Auseinandersetzung mit dem Parlamentarismus und der Politik der Parteien, die die »Simplicissimus«-Karikatur zur Zeit der Weimarer Republik bestimmte, und gerade dazu leistete Heine einen umfangreichen Beitrag (Abb. 1, 11). Die Parteien sind personifiziert und als Figuren in ihrem äußeren Habitus derartig sozialtypisch charakterisiert, wie sie Heine in der republikanischen »Parteienlandschaft« erschienen. Eindringliche Sozialtypik kennzeichnet häufig seine Figuren. Die Karikatur ist das Titelblatt der Sondernummer »Reklame«; bürgerliches Werbegebaren – tausendfach im Alltag beobachtet – ist in die politische Szene übertragen. Entscheidend bleibt die Interpretation: Alle Parteien sind gleichermaßen als scheinrepublikanisch gedeutet, egal, ob sie sozialdemokratisch, kommunistisch, liberal, klerikal oder auch faschistisch sind. Eine solche undifferenzierte interpretatorische Gleichstellung der politischen Kräfte nahmen die Karikaturisten des »Simplicissimus« häufig vor. Sie entsprach jedoch nicht den politischen Tatsachen, sondern lediglich der individuellen Sehweise der Zeichner und entbehrte jeglicher gründlichen Analyse. Man hatte keine politisch genauer fixierbare Position. Im Gegenteil hielten diese Karikaturisten stolz an der Vorkriegstradition fest, jegliche parteiliche Bindung zu verweigern. Heine karikierte diejenigen, die sich an eine Partei gebunden hatten, unterschiedslos als Knechte bzw. Gefesselte. Als Gegenspieler der Parteipolitiker galt ihm der Wähler, und die zahlreichen Wahlen in der Republik boten Heine genügend aktuelle Anlässe, sein Bild von ihm in dieser bürgerlichen

9 Thomas Theodor Heine
Das Gesetz zum Schutz der Jugend gegen Schund und Schmutz
Baut Wohnungen statt Paragraphen!
Simplicissimus (1926/27) 18

---

5 Ebenda. S. 5 hat Wieland Schmied Karl Arnold als Chronisten der Weimarer Republik bezeichnet.

6 Alfred Durus schrieb anläßlich einer Ausstellung Karl Arnolds bei Wertheim am Leipziger Platz in Berlin: »Sein Spott hat Spitzen, doch nur selten Schärfe. Wo es darauf ankäme, eindeutig Stellung zu nehmen, versagt dieser als Zeichner ganz hervorragende Künstler.« In: Die Rote Fahne. 11 (1928) 284. Beilage

7 Karl Arnold. Leben und Werk des großen »Simplicissimus«-Zeichners, a. a. O. S. 142

8 TRÜBENBACH, Armin: Thomas Theodor Heine. Leben und Werk im Hinblick auf sein karikaturistisches Schaffen und publizistisches Wollen. Diss. Berlin (West) 1956. S. 66

Demokratie vorzustellen. Es war kein festgelegter karikaturistischer Typ, denn zum einen wurde der Wähler als entscheidungsunkundiger Untertan figuriert (Abb. 11), zum anderen als der Betrogene. Auch hier hatte sich die Sicht gegenüber derjenigen der Vorkriegszeit nicht verändert.

Wie vor 1914 erwies sich Thomas Theodor Heine unter den »Simplicissimus«-Zeichnern auch in den zwanziger Jahren immer wieder als derjenige, der das Wesen kapitalistischer Wirtschaftsmacht am klarsten sezieren und karikaturistisch visualisieren konnte. Er erfand dazu allegorische Figurationen, die zwar nicht mehr so historisch-phantastisch anmuteten wie diejenigen, die sich etwa auf die Kohlen-»Könige« des wilhelminischen Reiches bezogen hatten, dafür entsprachen sie allerdings mehr dem nunmehr modernen Typ des Wirtschaftsmanagers: Aus dem monarchischen Thron war der Chefsessel geworden, aus der Figur des hermelingeschmückten Herrschers der gutbürgerlich gekleidete Zivilmensch – aber die Geste des profitgierigen Machtanspruchs blieb unverkennbar (Abb. 14). Heine hatte gleichermaßen das künstlerische Vermögen zur szenischen Karikatur wie auch zur karikaturistischen Versinnbildlichung bzw. Allegorisierung. Dabei griff er auf tradierte und in der Bildvorstellung des Publikums gegenwärtige Gestalten zurück, denen er allerdings jeweils ein ganz persönliches Gepräge zu geben wußte: Friedensengel und Teufel (Abb. 10), Simson (Abb. 3), Europa und der Stier, der deutsche Michel (Abb. 11).

In die Kritik am Faschismus schaltete sich Thomas Theodor Heine seit dessen Auftreten ein. Zunächst beschränkte er sich jedoch darauf, Mussolini und Hitler als Personen lächerlich zu machen. Erst in den dreißiger Jahren wurde er schärfer und formulierte aus der Ahnung der Gefahr heraus auch die Mahnung vor dem faschistischen Abgrund[9] (Abb. 12). Aber er tat dasselbe wie Karl Arnold, indem er Kommunismus und Faschismus auf eine Stufe stellte, sie wurden für ihn gleichermaßen von besitzgierigen Habenichtsen und Raufbrüdern vertreten. Am grundsätzlichsten äußerte er seine Stellungnahme in dem Blatt »Wettlauf« von 1930: Weltrevolution und Weltfaschismus – bezeichnet durch einen Rotgardisten bzw. durch ein italienisches Schwarzhemd – marschieren, doch Weltverarmung und Weltverblödung laufen (1930/31, Nr. 34).

10 Thomas Theodor Heine
Der Friedenskuß
Simplicissimus (1919/20) 15

11 Thomas Theodor Heine
Parlamentarismus
Die Stimme seines Herrn.
Simplicissimus (1922/23) 37

---

9 Diese Karikatur greift die Komposition des Gemäldes »Die Jagd nach dem Glück« (1868) von Rudolf Henneberg (Staatliche Museen zu Berlin, Nationalgalerie) auf.

12 Thomas Theodor Heine
Die Jagd nach dem Glück
Simplicissimus (1930/31) 26

13 Wilhelm Schulz
Heraus aus der Tinte!
»Nun machen Sie einmal Schluß! Am Ende bauen Arbeiterhände die Welt wieder auf und nicht Diplomatenfedern!«
Simplicissimus (1920/21) 50

14 Thomas Theodor Heine
Der Arbeitgeber
»Alle Räder stehen still – wenn Mein starker Arm es will!«
Simplicissimus (1928/29) 36

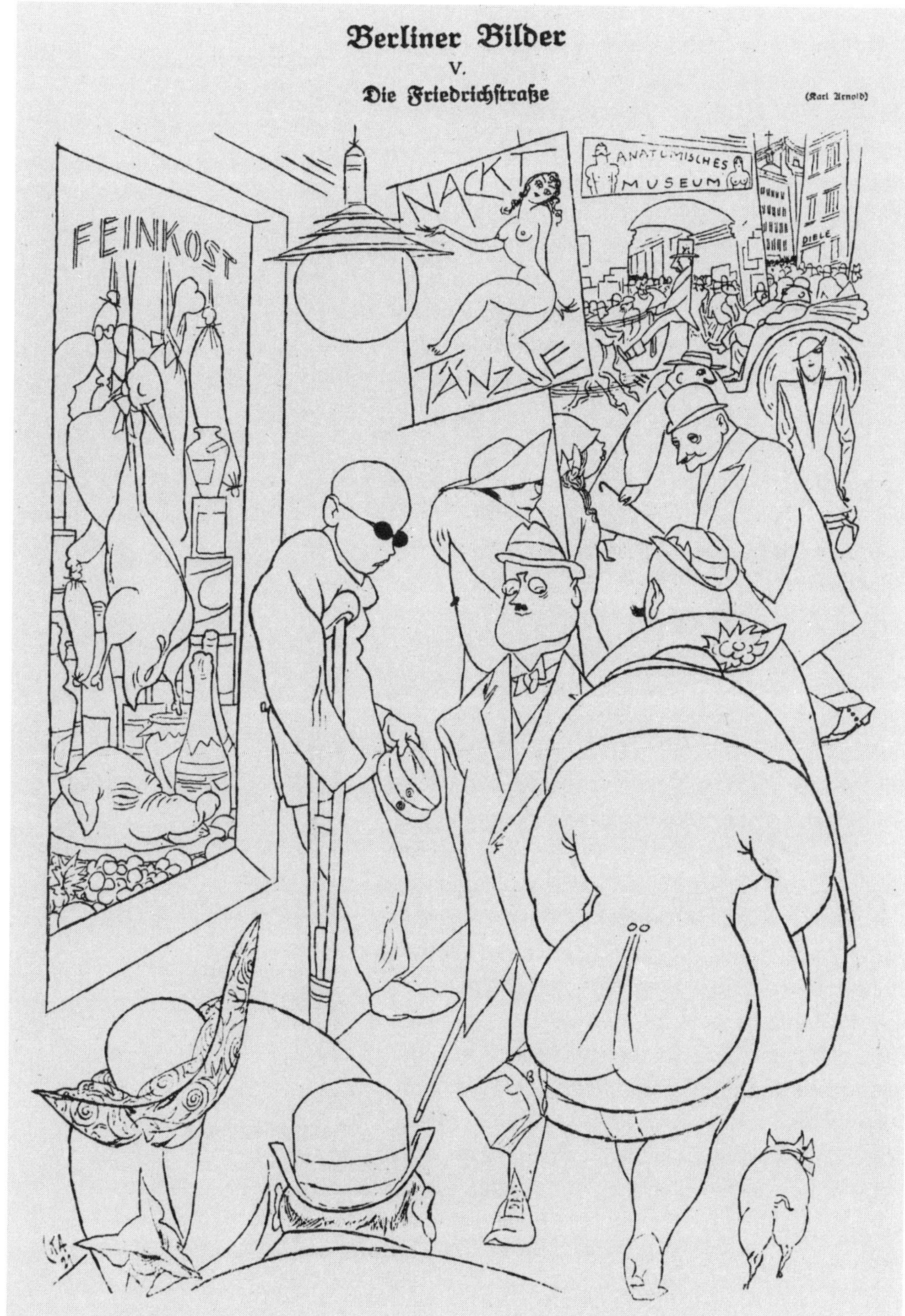

15 Karl Arnold
Die Friedrichstraße (Berliner Bilder V.)
Simplicissimus (1921/22) 13

Thomas Theodor Heine und Karl Arnold waren wohl die ideenreichsten Zeichner des »Simplicissimus«, der erstere hatte seine produktivste Zeit allerdings vor 1914, der letztere in den zwanziger und frühen dreißiger Jahren. Sie gehören zu denjenigen – gar nicht so zahlreichen – Karikaturisten, bei denen das Bild sowie dessen Titel und Unterschrift wie aus einem Guß erscheinen. Der Grund: Sie schufen beides zusammen, waren gleichermaßen Meister des zupackenden Striches und des witzigen Wortes. Ihrer zeichnerischen Kunst ist noch etwas anderes gemeinsam: eine relative intellektuelle Distanz zu ihrem Objekt. Da spürt man nicht diese liebevolle Anteilnahme, die in den Linien mitschwingt, mit denen Heinrich Zille seine Gestalten lebendig werden läßt; aber da ist ebenso nicht der haßerfüllt sezierende Strich des George Grosz.

Ist nach moderner Bildsprache im »Simplicissimus« der Weimarer Zeit gefragt, muß man Erich Schilling nennen. Er war bereits 1908 zu dieser Zeitschrift gekommen, also etwa zur selben Zeit wie Karl Arnold. Und seine Stilentwicklung verläuft ähnlich wie bei diesem. Nachdem er zunächst noch nach seiner Ausdrucksweise gesucht hatte, fand er kurz vor dem ersten Weltkrieg zu seinem eigenen Stil: scharfkantig, holzschnittartig, die Gestalten in steifen Bewegungen, die Dinge hart im Raum stehend, in eigenartiger Weise zugleich statisch und expressiv. Noch im Krieg hatte er eine weitere Variante geformt, die war mit ihren Hell-Dunkel-Kontrasten zwar mehr malerisch, mit ihren gespenstisch öden Räumen aber ausdrucksstark. Sie erinnert bereits etwas an die spätere, eigenartige Bilderwelt des Charles Girod. Wenn Erich Schilling in der Revolutions- und Nachkriegszeit auch die erstere Art bevorzugte, arbeitete er ebenfalls in der anderen weiter. Dieser Stil kann durchaus zur expressionistischen und zur neusachlichen Kunstrichtung in gewisse Beziehung gesetzt werden, und zwar hinsichtlich der expressiv zugespitzten Bewegungen einerseits und in bezug auf die Leblosigkeit der Figuren und die Starrheit der Räume andererseits. Schillings Feld war nun vornehmlich die politische Karikatur, und er konnte ziemlich sarkastisch zupacken, wenn es zum Beispiel um die Kritik am Panzerkreuzerbau[10] (Abb. 19), an den Auseinandersetzungen der Parteien[11] (Abb. 2) oder an den Fusionsbestrebungen in der Wirtschaft (Abb. 17) ging. Auch er verspottete die

16 Erich Schilling
Deutschland und Rußland
Ein Anfang.
Simplicissimus (1922/23) 6

---

10 Mit dem Bau des Panzerkreuzers A wurde eine neue Etappe in der Wiederaufrüstung Deutschlands eingeleitet. Das löste zum Teil erhebliches Unbehagen und noch mehr entschiedene Ablehnung aus. Im Oktober 1928 fand ein Volksbegehren gegen den Panzerkreuzerbau statt.

11 Diese Karikatur bezieht sich auf die Kampagne zur Reichspräsidentenwahl 1925, aus der im zweiten Wahlgang Hindenburg als Kandidat der Rechtsparteien siegreich hervorging.

18 Erich Schilling
Die Intellektuellen
»Mit diesem Maier läßt sich's schlecht über Erotik und sexuelle Fragen sprechen. Der Bengel wird gleich aktiv.«
Simplicissimus (1921/22) 1

19 Erich Schilling
Panzerkreuzer statt Wohnungen
»Ick wohn' ja gern 'n bisken eng – wenn wa bloß 'n scheen' Panzerkreuzer kriejen, wodruff mal unser Junge 'n stolzen Heldentod sterben kann.«
Simplicissimus (1928/29) 23

20 Erich Schilling
Nach dem nächsten Weltkrieg
Als einzige Überlebende beschließen die Delegierten des Völkerbundes, den 957. Abrüstungsvorschlag an eine gemischte Kommission zu überweisen.
Simplicissimus (1931/32) 50

17 Erich Schilling
Der Riese Dedi (Fusion Deutsche Bank – Diskontogesellschaft)
»Besser, es geht dem Einen gut als Vielen schlecht!«
Simplicissimus (1929/30) 34

faschistische Demagogie – insbesondere ihre sozialen Lügen –, zeichnete dazu aber weitaus weniger als Karl Arnold. Er begrüßte voll Hoffnung völlig unsatirisch den Rapallo-Vertrag als einen Anfang der Völkerverständigung nach dem Kriege und bediente sich dazu des ehrwürdigen ikonographischen Motivs der Auferstehung aus dem Grabe[12] (Abb. 16). Doch immer wieder drückte er auch seinen Zukunftspessimismus angesichts der andauernden Spannungen und der Ergebnislosigkeit der vermeintlichen Abrüstungsbemühungen des Völkerbundes aus (Abb. 20).

21 Wilhelm Schulz
Die große deutsche Melancholia
»Die Wahl ist kurz, die Reu ist lang!«
Simplicissimus (1930/31) 25

Zum alten Stamm der Zeichner des »Simplicissimus« zählte auch Wilhelm Schulz. Unter ihnen galt er bereits vor 1914 als eine Ausnahme, der zeichnende »Romantiker« der Zeitschrift. Er war viel öfter mit Märchenillustrationen und idyllischen Stadtansichten als mit Karikaturen hervorgetreten, und auch mit den letzteren hatte er sich nicht als der bissige Satiriker gezeigt. Er kam ohne Zuspitzung und Verzerrung seiner Gestalten aus; sein Stil hatte bereits damals zum Malerischen tendiert: keine scharfen Linien und Überschneidungen, weder Betonung der Plastizität noch der Fläche, statt dessen weiche Übergänge, oft zartes Hell-Dunkel oder zurückhaltende Farbigkeit. Er hatte meist auf die scharfe Pointe in der Bildidee verzichtet, war mehr ein Schilderer gewesen. Das blieb er auch nach dem ersten Weltkrieg, bewahrte vollständig seine alte Zeichenweise. Quantitativ war sein Anteil an den Karikaturen des »Simplicissimus« weiterhin sehr groß; sein künstlerischer Einfluß dürfte diesem Umfang nicht mehr adäquat gewesen sein. Wilhelm Schulz sah immer wieder die Einheit der Weimarer Republik bedroht – seiner Meinung nach durch die divergierenden Interessen der Parteien: der deutsche Michel in der Gefahr, von den Parteischimmeln in Stücke gerissen zu werden; die einzelnen Parteifiguren damit beschäftigt, sich voneinander durch Zäune zu trennen. Das sinnreichste Blatt war in diesem Zusammenhang »Die große deutsche Melancholia«, das Dürers berühmten Meisterstich ironisch aktualisierte (Abb. 21). Dazu gehörte aber auch, daß er – die tatsächlichen Verhältnisse verkennend – Hindenburg als hehre Führergestalt, sich groß über den Parteienhader erhebend, zeichnete. Im Parlament der Republik sah er pauschal nicht den Sachwalter des Volkes und ließ seine Figuren z. B. die Reichstagseröffnung 1932 mit den Worten kommentieren: »Immer mal wieder ein neuer Reichstag – aber unser Elend bleibt das alte!« (1932/33, Nr. 23). Wilhelm Schulz war bereits früher ein zeichnender Anwalt des Friedens gewesen, und er blieb es auch jetzt. Doch waren seine entsprechenden künstlerischen Formulierungen pessimistisch gestimmt, wenn er im Gerichtsvollzieher – also in der ökonomischen Krise – den einzigen sah, der den künftigen europäischen Krieg durch Pfändung der Kanonen würde verhindern können oder wenn er den Menschen als unverbesserlich aggressiv interpretierte in seiner Szene »Aus dem nächsten Krieg«, in der die letzten Überlebenden eines verheerenden Gaskrieges noch weiterkämpfen würden, wenn sie nur Waffen hätten (1926/27, Nr. 11). Wilhelm Schulz äußerte sich auch gegen den Faschismus, allerdings nur gegen den italienischen. Dabei konzentrierte er sich auf die Gestalt Mussolinis, den er in der Persiflage eines antiken Triumphzuges oder Blitze schleudernd verspottete. Häufiger zeichnete er ironische Blätter zu Vorgängen in der Sowjetunion. Seinen Unglauben über die Realisierbarkeit des Fünfjahrplanes versinnbildlichte er durch einen im Schlamm festgefahrenen Traktor; die Auseinandersetzungen um Trotzki waren ihm Anlaß, die neue Macht mit dem zaristischen Regime gleichzusetzen.

---

12 Der im April 1922 zwischen der RSFSR und Deutschland auf sowjetische Initiative geschlossene Rapallo-Vertrag führte zur Aufnahme diplomatischer Beziehungen und löste damit die Weimarer Republik aus ihrer internationalen Isolierung.

Eduard Thöny war Maler, und auch seine Blätter für den »Simplicissimus« – für den er seit dessen Gründung 1896 arbeitete – trugen mit ihren vielfältigen Hell-Dunkel-Abstufungen stets malerische Züge, darin denen Wilhelm Schulz' vergleichbar. Ebenso neigte er zur szenischen Schilderung, spannte dabei allerdings seine Figuren mehr in der Fläche aus, wodurch sie eindringlicher wirken als dessen Gestalten. Ihm genügten geringe Übersteigerungen des Äußeren einer Erscheinung oder Situation; die eigentliche Pointe lag oft im Text. Zu den von ihm vor 1914 hauptsächlich gezeichneten Typen hatten der arrogante Offizier, der dummdreiste Leutnant gehört. So, wie er sie damals gesehen hatte, fand er sie nach dem Krieg nicht mehr. Doch offensichtlich war sein Interesse am militärischen Milieu geblieben, denn er schuf häufig Blätter mit Soldaten, Kämpfenden, Kriegsgerät. Die entsprechenden Szenen entnahm er nunmehr den revolutionären Auseinandersetzungen, dem Kampf im Ruhrgebiet oder der Roten Armee, während die Reichswehr ihm offensichtlich keinen Stoff bot. Der französische Besatzungssoldat an der Ruhr als Gewalttäter, die Kämpfer der Roten Ruhrarmee als gekaufte Subjekte, die Rotgardisten als Totschläger – das waren die Interpretationen. Die Sowjetmacht war für ihn lediglich eine Diktatur, die das arme russische Volk gewaltsam niederhielt, und so spielte er in seinen Blättern gern den Gegensatz zwischen Volkstypen und Machtfiguren aus. Aber Eduard Thöny war auch – wie bereits vor 1914 – ein Mahner gegen den Krieg. Dazu zeichnete er Szenen des vernichteten Menschenlebens – zugespitzt lediglich durch die motivliche Verdichtung – als Anklage gegen die internationale Rüstungsindustrie (Abb. 22). Seiner Zeichenkunst, vor allem seit Mitte der zwanziger Jahre, ist Stagnation vorgeworfen worden[13]; und das gilt in Betracht auf seine individuelle künstlerische Entwicklung in gleicher Weise wie auch hinsichtlich seiner kunstgeschichtlichen Position.

22 Eduard Thöny
Das alte Spiel
Der Boden muß immer mal wieder gedüngt werden, damit der Weizen der internationalen Rüstungsindustrie blüht!
Simplicissimus (1931/32) 47

Auch Olaf Gulbransson, der gebürtige Norweger, hatte bereits vor 1914 deutliche Spuren in der Karikaturgeschichte hinterlassen, zunächst in norwegischen Zeitungen, seit 1902 beim »Simplicissimus«. Dort fand er, auch unter dem Einfluß von Thomas Theodor Heine und Rudolf Wilke, recht bald einen sehr knappen und klaren Zeichenstil: der feine Strich gleichmäßig, die Fläche betont, Plastizität zumeist vermieden, von der Stofflichkeit weitgehend abstrahiert, die Strenge der Linienführung distanzierend wirkend. Olaf Gulbransson war damals ein echter Gewinn für den »Simplicissimus«, hatte er doch eine eigene Note in die Bildkunst dieser Zeitschrift eingebracht, in die er sich zugleich derart einfügte, daß er ihren Stil mitbestimmen konnte. Nach dem Krieg hielt er sich von 1923 bis 1927 in Norwegen auf, arbeitete dort für die Zeitung »Tidens Tegn«, blieb allerdings auch während dieser Jahre fester Mitarbeiter des »Simplicissimus«, dem er dann seit 1927 wieder voll zur Verfügung stand.[14] Es ist analysiert worden, daß die Karikaturen zur Innen- und Außenpolitik im gesamten Schaffen Gulbranssons fast die Hälfte ausmachen; ein Viertel wird durch unpolitische Themen bestimmt.[15] Zwischen 1923 und 1927 war die Zahl seiner politischen Karikaturen für den »Simplicissimus« deutlich geringer geworden. Sein Anteil an den gesamten Karikaturen des »Simplicissimus« während der Weimarer Zeit blieb dennoch groß.

Unter den Karikaturisten des »Simplicissimus« ist Olaf Gulbranssons Zeichenweise am ehesten mit derjenigen Karl Arnolds zu vergleichen. Beider Blätter zeichnen sich durch einfache flächenbetonende graphische Strukturen aus, nur ist Gulbranssons Strich – gerade in den zwanziger Jahren – feiner, beweglicher; seine Figuren sind deshalb nicht so

---

13 KESSEL-THÖNY, Dagmar von: Eduard Thöny. Leben und Werk. Diss. München 1974. S. 174, 175, 176, 190
14 WOLKERS, Ursula: Beiträge zum publizistischen Schaffen Olaf Gulbranssons. Diss. Berlin (West), (Korbach 1964). S. 30–32
15 Ebenda. S. 52

23 Olaf Gulbransson
Dr. Frick und der Geist von Weimar
»Lächerlich, zu denken, daß so etwas mal hier Minister gewesen ist!«
Simplicissimus (1930/31) 2

fest auf die Fläche gebannt wie diejenigen Arnolds, sie wirken neben diesen oft heiterer. Dazu trägt sicher auch der weitgehende Verzicht auf Verzerrung bei. Während Arnolds Zeichnungen in diesen Jahren in der graphischen Struktur ungemein ausgewogen sind, zeigen die Gulbranssons ungleichmäßige graphische Dichte, woraus mehr spannungsvolle Bewegung auf der Fläche resultiert. Dieser lokkere Stil entsprach offensichtlich seinem Ausdruckswollen. »Gulbransson scheint oft mit seinen politischen Themen nicht ganz verwachsen, er spielt etwas mit Politik, illustriert sie nebenbei, macht satirische und karikaturistische Glossen an den Rand der Geschichte ...«[16] – so ein zeitgenössisches Urteil. Bezogen auf die Innenpolitik sah er eine Republik ohne Republikaner, Parteienstreit um die Machtpositionen und gegen Ende der zwanziger Jahre in zunehmendem Maße rohe politische Gewalt; dann beherrschten immer wieder komische Putschisten- und Radaubruder-Typen seine Szenen. Die drohende faschistische Gefahr nahm er offensichtlich nicht ernst; für ihn waren Hugenberg und Hitler ulkige Figuren, die er mit heiterem Spott bedachte, über die »Unbildung« der Nazis machte er sich lustig[17] (Abb. 23). Die sozialen Gegensätze in der bürgerlichen Republik hatte er nicht so häufig im Blick. Wenn er sie karikierte, dann bediente er sich zwar auch des antithetischen Bildes, doch die Kontraste wurden nicht so scharf herausgearbeitet. Seine Karikaturen über außenpolitische Ereignisse konzentrierten sich zunächst auf Frankreich, wobei er glaubte, die Franzosen als Menschenschänder und Kulturbanausen charakterisieren zu müssen. Bald kamen Karikaturen über die Sowjetmacht hinzu. Für sie hatte er das Zeichen der Knute parat; Toten- und Hungerzüge sollten ihre Charakteristika sein; der sowjetische Handel mit kapitalistischen Ländern

24 Olaf Gulbransson
Du sollst nicht töten!
Heilig ist das Kind im Mutterleib – dann nicht mehr!
Simplicissimus (1931/32) 3

wurde verspottet. Auch Olaf Gulbransson sah wie andere »Simplicissimus«-Zeichner den Frieden bedroht. Doch während er einerseits gegen den Panzerkreuzerbau in Deutschland polemisierte, stellte er andererseits den deutschen Michel hinsichtlich der Aufrüstung als völlig unbelastet dar. Seine Antikriegskarikaturen verwiesen nicht auf die Wurzeln des Übels, doch waren sie eindringliche moralische Appelle (Abb. 24) und ernste Mahnungen in bitterironischer Einkleidung.

Von denjenigen Künstlern, die in der Zeit der Weimarer Republik neu zum »Simplicissimus« kamen, muß unbedingt Marcel Frischmann genannt werden. 1926 – sechsundzwanzigjährig – wurde er zum ständigen Mitarbeiter berufen. Mit ihm war ein exzellenter Zeichner gewonnen worden. Sein Studienfeld war die Straße und mit ihr der sogenannte kleine Mann. Ihn spürte er auf und erfaßte ihn in seinen individuellen sowie sozialtypischen Wesenszügen, die er derart verdichtete, daß die zeichnerische Schilderung an den Rand der Karikatur geriet. Es bot sich für die Redaktion an, unter diese Blätter heiter-ironische bis bitter-satirische Unterschriften zu setzen, die zum szenischen Milieu und den Bildtypen paßten. Der lockere Strich vermittelt einerseits noch etwas von dem unmittelbaren Eindruck des Künstlers, andererseits ist er deutlich genug auf dem Blatt markiert, um ordnend die Figuren zu sondieren. Ebenso ist es mit der Komposition: scheinbar zufälliger Ausschnitt und zugleich mit Bedacht gefügt. Marcel Frischmann hatte zahlenmäßig bald einen hohen Anteil an den Karikaturen des »Simplicissimus«, wenn seine Zeichnungen meist auch in kleinerem Format gedruckt wurden. Die sozialen und politischen Umstände – wirtschaftliche Krise und wachsende faschistische Bewegung – bedingten es, daß sie schnell an Brisanz gewannen. Der an den Straßen-

---

16 DURUS, Alfred: Zeichner als Satiriker (Olaf-Gulbransson-Ausstellung in Berlin). In: Die Rote Fahne. 10 (1927) 276. Beilage
17 Dr. Wilhelm Frick wurde 1930 als Innen- und Volksbildungsminister Thüringens erster NSDAP-Minister in Deutschland.

rand gedrängte Erwerbslose wurde einerseits eine Hauptfigur, andererseits der Massennazi, der als SA-Mann auf den Straßen marodierend für faschistische »Ordnung« sorgte. Dessen dumme und brutal verzerrte Physiognomie nutzte dann Frischmann vor allem als Bildzeichen zur Entlarvung faschistischen Ungeistes (Abb. 25).

Als besonders aufschlußreich erweisen sich die Wandlungen im Gebrauch karikaturistischer Typen bzw. die Erfindung neuer Typen, sind es doch diese Typ-Gestalten, die zum wesentlichen Formenrepertoire des Karikaturisten gehören. Da sind die National- und Staatstypen, auch als Allegorien ausgeprägt, wie die Marianne oder der Michel, John Bull oder der russische Bär. Da gibt es politische Typen, die zum Beispiel für die Republik stehen oder für politische Parteien; Sozialtypen, die den Arbeiter oder den Kapitalisten meinen. In diesem Zusammenhang ist auch das Aufgreifen und Verwenden tradierter ikonographischer Themen und Motive etwa aus der christlichen Kunst oder aus der antiken Überlieferung von Interesse.

Der im »Simplicissimus« der zwanziger Jahre wohl am meisten verwendete Typ war der des deutschen Michel. Die Germania, die vor und während des ersten Weltkrieges ebenso eine Rolle gespielt hatte, war für die veränderten Verhältnisse offensichtlich wenig brauchbar geworden. Dem Michel haftete seit je zumeist die Haltung und Geste der Duldsamkeit an. Vor 1914 war er im »Simplicissimus« vorrangig als derjenige gezeigt worden, der die Last der Rüstung schleppen mußte oder durch den Militärhaushalt seiner letzten Kleidungsstücke ledig geworden war. Er hatte damit als Bildzeichen für das zahlende Volk gestanden. Diese Wertung der Figur blieb im wesentlichen nach 1918 erhalten, erfuhr allerdings zeitgemäße Modifikationen. Michel war zunächst vorrangig der durch die Mächte des Versailler Vertrages Gepeinigte und Ausgepowerte, der auf dem Folterbett lag oder nur noch mühsam seine Blöße verdeckte. Sehr bald jedoch erhielt eine weitere Deutung Vorrang: Michel als »Spielball« der Parteien. Er stand damit sowohl für das wählende Volk als ebenso für die Republik; die Parteien waren als seine Blutsauger, Folterpferde oder aber Verführerinnen dargestellt. Auch die Vorkriegsvariante erfuhr eine Wandlung, denn Michel repräsentierte nun – ungeachtet der zunehmenden Militarisierung in der Republik – den Friedfertigen, der von den rundum starrenden Waffen seiner Nachbarn umgeben war. Mitunter wurde auch auf die Figur des Michel verzichtet und für Deutschland bzw. das deutsche Volk dann die Gestalt eines einfachen und seinem Habitus nach armen Mannes eingesetzt.

25 Marcel Frischmann
Programm
»Und wenn wa an der Macht sind, denn sagen wa nich mehr ›Deutschland erwache!‹, sondern wer nich wach is, den schlagen wa einfach tot!«
Simplicissimus (1932/33) 3

Die freundliche Allegorie der französischen Marianne verschwand fast völlig aus den Bildvorstellungen der »Simplicissimus«-Zeichner. An ihre Stelle trat vorrangig der gewalttätige und anmaßende französische Soldat, insbesondere seit der Ruhrbesetzung. Die einstige Zuneigung der Künstler zur Kulturnation Frankreich, die in den Vorkriegskarikaturen zum Ausdruck gekommen war, wich nun einer haßerfüllten Abneigung. Das zeigte sich auch darin, daß der Militarismus schlechthin mit Frankreich identifiziert wurde, indem er bildlich wiederholt dem karikaturistischen Typ eines französischen Offiziers glich.

Für England standen in den Zeichnungen weiterhin der britische Löwe und John Bull. Die USA repräsentierte die tradierte Figur des Uncle Sam – als der große Gewinner des ersten Weltkrieges nun in raumgreifender Siegerpose, auch als Dirigent der Dollarlast, die die europäischen Staaten zu tragen hatten, als sie nach dem Krieg in die finanzielle Abhängigkeit der USA geraten waren. Dieser Gedanke spielte bei der Beurteilung der USA die vorherrschende Rolle und fand seine Figuration ebenfalls in dem raffgierigen Dollargeier, der sich in seinem eleganten Habitus deutlich vom europäischen Pleitegeier unterschied. Die Politik all dieser Staaten fand außerdem durch die Personalkarikaturen der jeweils führenden Politiker ihre Charakterisierung, denn die Personalisierung politischer Vorgänge spielte im bürgerlichen Lager weiterhin eine erhebliche Rolle. Insonderheit

Erotik

München, 1. April 1921 — Preis 1 Mark 50 Pf. — 26. Jahrgang Nr. 1

SIMPLICISSIMUS

Bezugspreis vierteljährlich 18 Mark — Begründet von Albert Langen und Th. Th. Heine — Bezugspreis vierteljährlich 18 Mark

Alle Rechte vorbehalten — Copyright 1921 by Simplicissimus-Verlag G.m.b.H. & Co, München

Entgötterte Welt

(Karl Arnold)

Amor ist tot. Es lebe das Schwein!

26 Karl Arnold
Entgötterte Welt
Amor ist tot. Es lebe das Schwein!
Simplicissimus (1921/22) 1

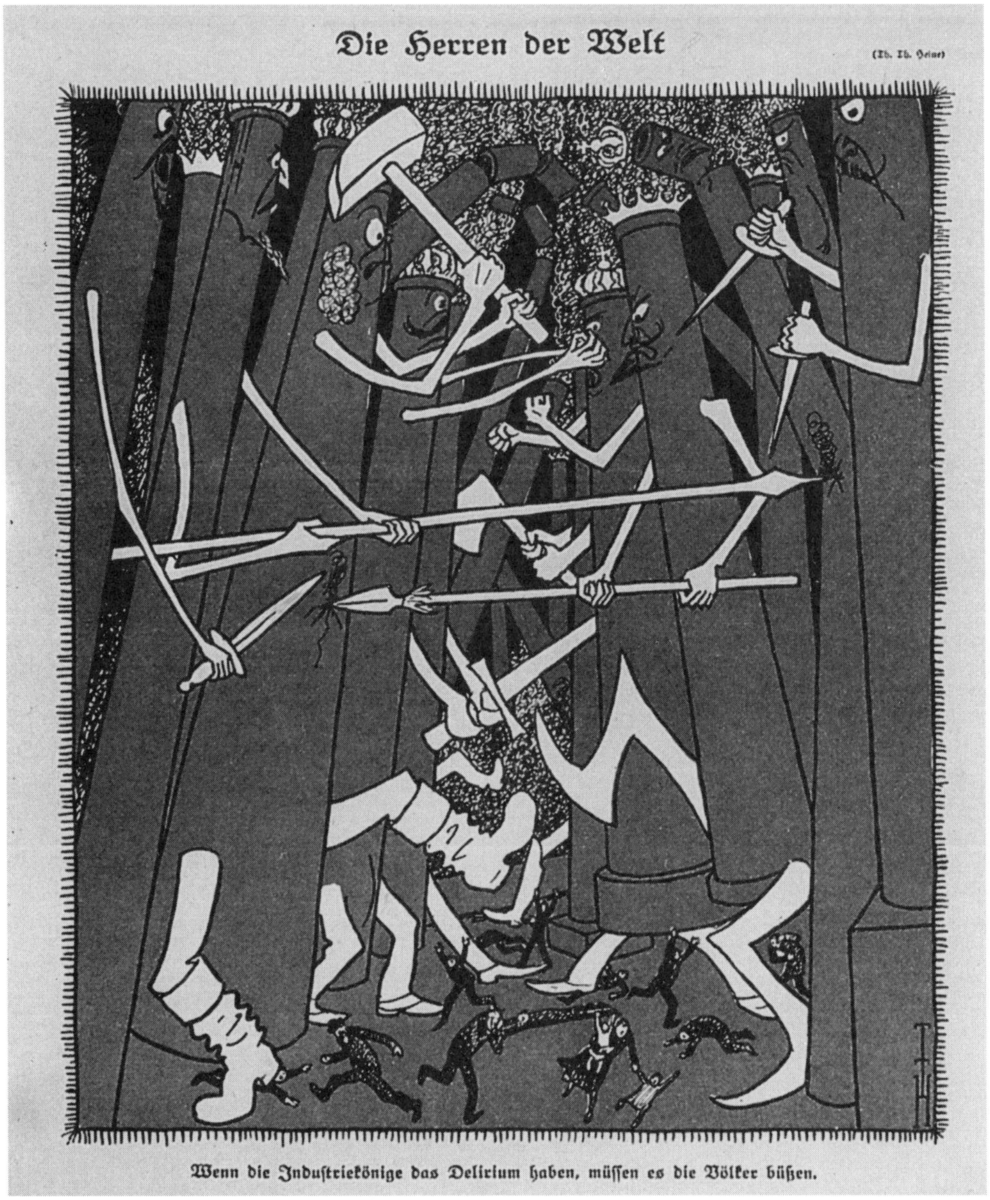

27 Thomas Theodor Heine
Die Herren der Welt
Wenn die Industriekönige das Delirium haben, müssen es die Völker büßen.
Simplicissimus (1922/23) 22

28 Karl Rössing
Die alte Garde
Simplicissimus (1930/31) 2

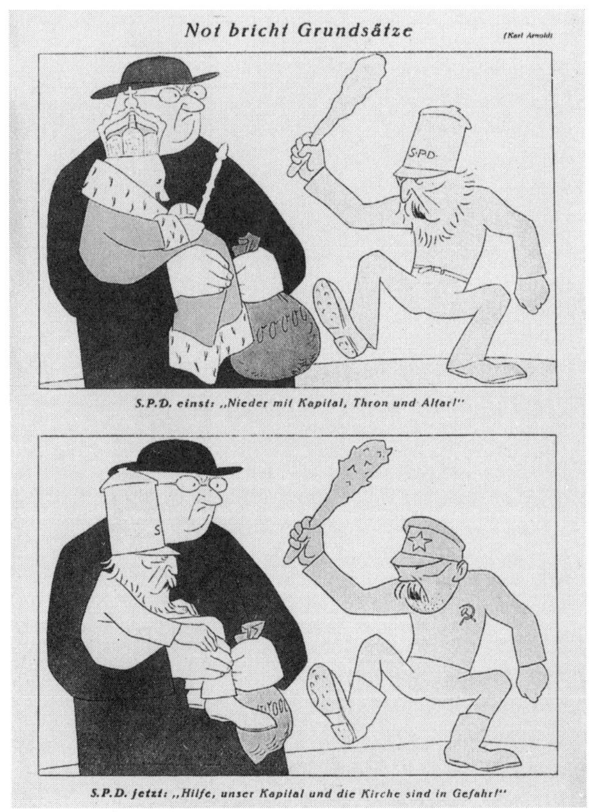

29 Karl Arnold
Not bricht Grundsätze
S.P.D. einst: »Nieder mit Kapital, Thron und Altar!«
S.P.D. jetzt: »Hilfe, unser Kapital und die Kirche sind in Gefahr!«
Simplicissimus (1931/32) 23

30 Karl Arnold
Der junge Parlamentarismus
Kaum erblüht – schon naht der vernichtende § 48!
Simplicissimus (1930/31) 5

erfolgte die Beurteilung der Politiker nach ihrer Haltung gegenüber Deutschland: Der französische Premier Poincaré wurde als Initiator der Ruhrbesetzung 1923 attackiert, der amerikanische Präsident Herbert Clark Hoover 1931 wegen seines Moratoriums zu den Reparationszahlungen als Schutzherr der Profitinteressen charakterisiert.

Diese Personalisierung in der Karikatur betraf auch die Sowjetunion, die sehr häufig mit Karikaturen bedacht wurde. Hier dominierten die Gestalten Lenins und Stalins, die in allerlei Varianten auftraten, immer allerdings in einer Herrscher- oder Machtpose. Denn in der Sicht der »Simplicissimus«-Zeichner waren sie lediglich an die Stelle des Zaren getreten, den man vor 1917 häufig in den Karikaturen hatte figurieren lassen. Auch der russische Bär kam noch in den Bildszenen vor, und zwar durfte er das Land bei internationalen Konfliktsituationen vertreten, wo er so die russische Stärke zu symbolisieren hatte. Als neuer Nationaltyp entstand die Figur eines gewichtigen Bolschewiken, natürlich uniformiert und mit der bezeichnenden spitzen Mütze auf dem Kopf – der Typ des stumpf von der Macht dirigierten Gewaltmenschen. In ihm manifestierte sich die ablehnende Haltung des »Simplicissimus«-Teams gegenüber der Sowjetmacht bildlich besonders deutlich, dementsprechend fiel die Kritik am faschistischen Italien nicht so umfassend und schon gar nicht so komprimiert typisiert aus. Hier lenkte man die ganze Aufmerksamkeit lediglich auf die Gestalt Mussolinis, der nicht ernst genommen und in den Karikaturen daher in seiner Anmaßung kräftig lächerlich gemacht wurde.

Herausragende karikaturistische Typen für die innenpolitische Szene der Weimarer Republik waren diejenigen, die einmal die soziale Not des werktätigen Volkes und zum anderen die Auseinandersetzungen zwischen den Parteien bezeichneten. Denn hier steckten die hauptsächlichen Ansatzpunkte für die Kritik des »Simplicissimus« an dieser Republik. Natürlich gab es bereits vor 1914 in der »Simplicissimus«-Karikatur den Typ des ausgehungerten Armen bzw. des ausgepowerten Proleten, denn man hatte von Anbeginn an deren Ausbeutung als moralische Schande angeprangert. Durch die Folgen des Krieges und die wiederholten Krisensituationen in der Nachkriegszeit breitete sich die soziale Not jedoch aus und zeigte weitere »Gesichter«. Deshalb trat der Typ des sozial an den Rand oder gar an den Abgrund Gedrängten nicht nur häufiger in den Karikaturen in Erscheinung, sondern erhielt auch eine größere Variationsbreite und teilweise bissigere Schärfe. Letzteres traf besonders für die Gestalt des Kriegsopfers zu – als massenhafte Erscheinung neu in der sozialen Wirklichkeit und in hartem Kontrast zu dem »Heldenethos« stehend, das eine reaktionäre Propaganda aufgebaut hatte. Das zeigte sich mit bitterem Sarkasmus in dem Typ des ausgemergelten Kindes, der dem Kinderelend der Inflations- und der Krisenzeit zeichenhafte Bildgestalt gab, zum Teil auch in der Zusammenfügung Mutter – Kind. Am nachhaltigsten wirkte dieser Kindestyp in der antithetischen Konfrontation mit dem Typ des Schiebers oder des französischen Ruhrbesatzungssoldaten.

31 Heinrich Zille
Hungerfrühling
»Mutter, was is das für'n Vogel?« –
»Eine Amsel.« –
»Kann man die essen?«
Simplicissimus (1923/24) 51

Den Typ des bewußten und somit selbstbewußten Arbeiters sucht man dagegen – wie schon vor dem Krieg – im »Simplicissimus« vergebens. Dort, wo er kämpfender Arbeiter ist, wurde er als Kommunist bezeichnet und als Randalierer diffamiert. Der Typ des Kapitalisten dagegen wurde übernommen, teilweise noch in dem alten Habitus mit Frack und Zylinder, häufiger jedoch entsprechend der zeitgenössischen Erscheinung und Wesensart als modisch-elegant gekleideter und sehr gut genährter älterer Herr, damit zugleich als Kontrastfigur zu dem armen Mann aus dem Volke gedacht. Der Typ des Kriegsgewinnlers und des Schiebers – besonders in der unmittelbaren Nachkriegs- und Inflationszeit häufig benutzt – wurde noch gesondert geprägt: ohne Herrscherpathos, aber in der Gestik anmaßend, dicklich, etwas schlampig, mit vereinzelten Attributen des Neureichtums. Dann war da noch der Typ des Snobs der Kulturszene in seiner hochnäsigen Lässigkeit.

Die wichtigsten politischen Typen waren im »Repertoire« der »Simplicissimus«-Zeichner diejenigen, die für die führenden Parteien zu stehen hatten. Aus dem Vorkriegsfundus überlebte der Zentrumsmann: eine wohlbeleibte Priesterfigur mit dem charakteristischen flachen Hut und der schwarzen Soutane, das Kreuz als sein Zeichen. Auch die Figur des Sozialdemokraten war nicht neu – der Mann im schlichten Arbeitsanzug, die hellrote Ballonmütze auf dem Kopf (vormals war sie dunkelrot gewesen, doch die dunkelrote Farbe blieb nun dem Kommunisten vorbehalten); hinzu kam das Signet der sozialdemokratisch gelenkten »Eisernen Front« mit den drei parallelen Pfeilen. Als Neulinge auf der politischen Szene erschienen dagegen die Kommunisten. Für sie mußte ein Typ geformt werden. Entsprechend der Vorstellung, die man beim »Simplicissimus« von ihnen hatte, sah dieser oft ruppig aus, trug ungepflegte, schlottrige Kleidung, eine flache Mütze auf dem Kopf sowie Hammer und Sichel bzw. den fünfzackigen Stern als sein Signum. Ebenso hatte es vorher keinen Typ für die Nationalsozialisten geben können. Ihn verkörperte nun ein sehr strammer Mann in SA-Uniform. Allerdings ist zu ergänzen, daß in den späteren Jahren der Weimarer Republik neben den genannten Parteitypen auch für die Sozialdemokraten und die Kommunisten der Vertreter der jeweiligen Wehrorganisation stand, also der Reichsbanner- bzw. Rotfrontkämpfermann. Zu ihnen wurde – die Konservativen darstellend – häufig der Stahlhelmmann gesellt. Obwohl so unterschiedlich in ihrem Habitus und damit eigentlich auf die Verschiedenartigkeit der Parteien verweisend, zeigten die Karikaturen des »Simplicissimus« diese Parteitypen häufig bei gemeinsamer Aktion, nämlich dabei, der Republik zu schaden. Denn das war die grundsätzliche Auffassung, daß alle politischen Richtungen letztendlich nur ihre parteiegoistischen Interessen wahren wollten, eine nivellierende Einschätzung vom Beobachterstandpunkt. Eine Akzentuierung gab es allerdings insofern, als in den frühen dreißiger Jahren vorrangig nur kommunistische und faschistische Gestalten miteinander raufend dargestellt wurden. In derselben Zeit war auch eine ausgeprägte Personalisierung der faschistischen Partei zu beobachten. Die Zahl der Hitler-Karikaturen stieg im »Simplicissimus« deutlich an. Sie machten jedoch nur Hitler lächerlich, statt Grundpositionen der Partei anzugreifen.

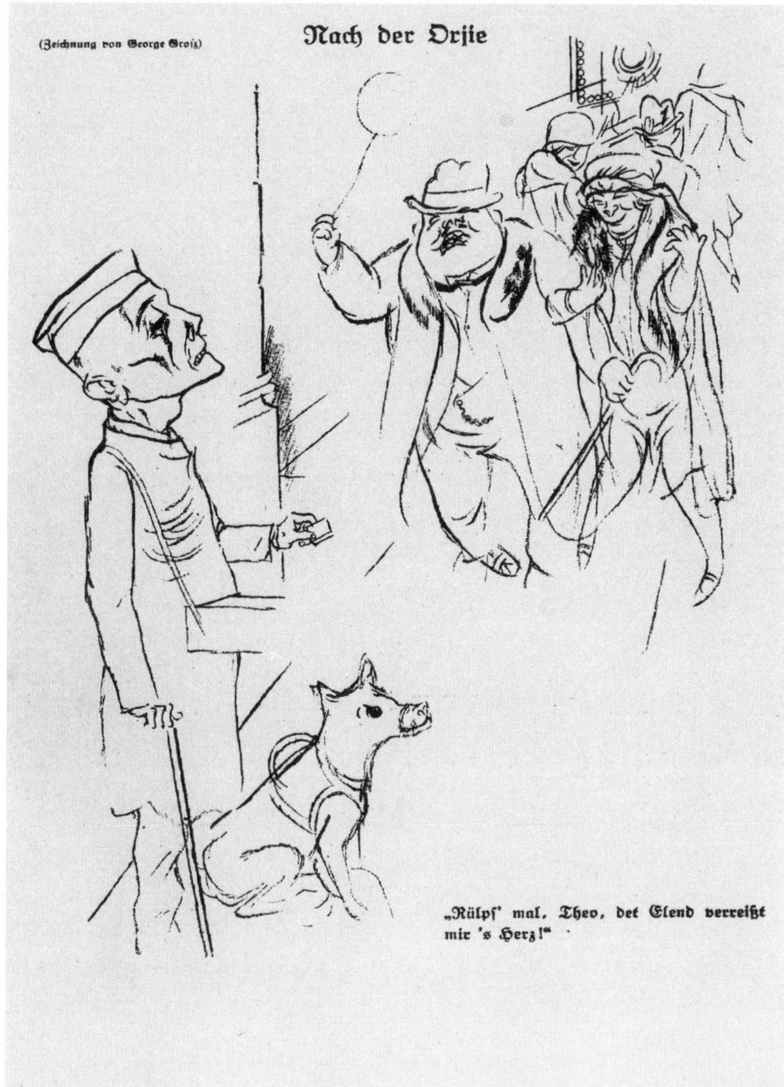

32 George Grosz
Nach der Orjie
»Rülps' mal, Theo, det Elend verreißt mir's Herz!«
Simplicissimus (1925/26) 48

Personalisiert wurde auch das Amt des Reichspräsidenten, und die Gestalt Hindenburgs avancierte dabei zum heroischen Typ – riesengroß, aufrecht, mitunter felsblockartig, der einzige feste Punkt im Parteienwirbel der Republik. Das entsprach einem gängigen Klischee. Die Republik wurde selten in eine Figur gefaßt; geschah es doch einmal, griff man auf die tradierte Germania zurück. Sie war jetzt jedoch nicht mehr die kräftige, gewappnete Frau der früheren Jahrzehnte, sondern eine hilflose Frau oder ein junges unerfahrenes »Ding«.

Es verwundert nicht, daß in der politisch spannungsgeladenen Zeit der zwanziger Jahre immer wieder die Allegorie des Friedens beschworen und als karikaturistischer Typ in Funktion gesetzt wurde. Schon in den »Simplicissimus«-Karikaturen während des ersten Weltkrieges hatte der

Friede eine zarte, mädchenhafte Gestalt, die ihn leicht verletzbar erscheinen ließ. In den meisten Fällen wurde er auch jetzt so dargestellt, zudem in den Würgegriff genommen, in gefährliche Balanceakte einbezogen, trauernd, demütig bittend, kränklich oder zur Tarnung mißbraucht – eine beunruhigende Sicht auf das Weiterleben des Friedens. Damit im Zusammenhang erstanden immer wieder phantastische Ungeheuer als Bildzeichen, die der lauernden Bedrohung Gestalt geben: schwerbewaffnete, übergroße Affen, gespenstische Riesensoldaten, dunkle Henkerschemen, monumentale Rüstungsgötzen. Teilweise erschienen sie als Kommentare zu den für die Friedenssicherung ergebnislosen internationalen Konferenzen. Die Allegorie des Todes wurde immer wieder mit bitterem Sarkasmus zitiert – den künftigen Gaskrieg »anpreisend«, die Folgen der Inflation »würdigend«, aber auch als »Streikgewinnler« oder faschistischer Bombenwerfer.

Es ist auch nicht zufällig, daß bestimmte Themen- und Motivbereiche häufiger auftauchten. Das Motiv der Maskerade gehörte dazu, also die Situation bezeichnend, in der der Mensch sich verstellt oder gar sein Gesicht verliert. Die Zirkusszene – ohnehin in der Karikatur gern metaphorisch eingesetzt – diente der Charakterisierung innen- und außenpolitischer »Clownerien« und »Balanceakte«. Antikes tauchte auf: die verführerischen Gesänge der Sirenen fungierten als Vergleich für gefährliche Wahlparolen von Parteien; das reizvolle Paris-Urteil signalisierte Unsicherheit bei politischer Entscheidung oder auch politische Verführungskünste; der Goldregen der Danae erwies sich als geeignet, finanzielle Machenschaften anzuprangern. Der ironische Gebrauch dieser alten literarischen Motive in den Karikaturen konnte ihre Wirkung sicher erhöhen. Ebenso war es, wenn beim antiken Göttergebaren Anleihen vorgenommen und zum Beispiel politische Gernegroße mit Gebärden des Zeus in Szene gesetzt wurden. Mitunter tauchte auch Mars noch einmal auf, doch für die Darstellung der Kriegsdrohung fiel die Wahl meist auf andere Figuren.

Bei der Übernahme aus der christlichen Ikonographie bezog man sich besonders auf Themen und Motive des Leidens und des Todes. Da ist der gekreuzigte Christus zu nennen oder der von Pfeilen durchbohrte Sebastian. Sie sollten Sinnbilder sein für das gepeinigte deutsche oder für das angeblich unterjochte russische Volk. Mit Bezug auf die revolutionäre Umwälzung in Sowjetrußland tauchten die apokalyptischen Reiter auf, und mit dem Drachenkampf des heiligen Georg ließ sich das späte Notverordnungsregime in der Weimarer Republik vergleichen. Ebenso ironisch wurde die Ausgießung des Heiligen Geistes auf den europäischen Dollarglauben bezogen, und die Gestalt Gottvaters mußte Hilfestellung leisten, wenn man eine letzte Instanz für tatsächliche Gerechtigkeit oder für den wahren Weltüberblick in die Karikatur einführen wollte.

Seltener erfolgten Anleihen bei literarischen Gestalten oder Szenen. Auffallend sind in dieser Hinsicht wiederholt Verwertungen des Rütlischwures aus »Wilhelm Tell«, in denen die Vertreter von Parteien stets verlogene Einheitsgelübde ablegen. Don Quichote und Sancho Pansa liehen ihre Gestalten rechtskonservativen Politikern, die als ebenso weltfremd galten. Swifts »Gulliver bei den Zwergen« stand als Symbolfigur für die Europa angeblich drohende sowjetische Gefahr. Und Goethes Zukunftsvision vom freien Volk auf freiem Grund aus »Faust II« setzte man in bissig-ironische Beziehung zu dem vermeintlichen politischen Durcheinander in der Weimarer Republik.

■ ■

2 DIE KARIKATURISTISCHE REVUE DES ›ULK‹

33 Rudolf Herrmann
Weihnachtsengel 1931
»Ich bring' Euch allen frohe Mär' ...«
Ulk (1931) 50

34 Theodor Leisser
Geistige Not
»Ich bin Doktor juris utriusque, habe außerdem vier Semester Philosophie studiert, habe mich an der Universität als Privatdozent habilitiert und bitte um einen Teller Suppe!«
Herr Kulicke (zu seinen Sprößlingen): »Seht ihr woll, det kommt davon! Det sich keener von eich mal infallen läßt, 'n Intellektueller zu werden!«
Ulk (1920) 26

Wenn von wichtigen satirischen Blättern in der Weimarer Republik die Rede ist, muß unbedingt der »Ulk« erwähnt werden. Er war zwar keine selbständige Zeitschrift, sondern erschien als Wochenbeilage zum »Berliner Tageblatt«, zog jedoch eine große Zahl von Karikaturisten an sich. Sein Gründungsjahr war bereits 1871. Da so viele zeichnende Hände im Spiel waren, zeigte sich natürlich ein breiteres Variationsfeld persönlicher Stile als vergleichsweise in anderen satirischen Zeitschriften. Auch inhaltlich war der »Ulk« weiter ausgelegt: neben übergreifenden politischen sowie sozialkritischen Themen nahmen diejenigen zu tagespolitischen Ereignissen in den Karikaturen einen beachtlichen Raum ein. Bemerkenswert ist zudem ein stärkeres Interesse an Erscheinungen und Problemen des Kulturlebens, wobei besonders das neue Medium Film, aber auch das Theater, einschließlich des einflußreichen Revuetheaters, die Literaturproduktion und -diskussion sowie die stilistische Vielfalt in der bildenden Kunst mit Ironie und Spott bedacht wurden. Technische Neuheiten wie das Radio, die in das Alltagsleben eindrangen, glossierte man ebenso humorvoll wie den Bubikopf und andere Modeerscheinungen. Überhaupt spielte der Alltagshumor eine große Rolle, und zahlreich waren die nicht gerade tief schürfenden »Ausflüge« in die galante Welt. Faschings- und Urlaubszeit boten einem Teil der Zeichner des »Ulk« jährlich ein scheinbar unerschöpfliches Reservoir für banale Witze. Offensichtlich war man auf ein recht vielschichtiges Publikum eingestellt, dessen Erwartungen befriedigt werden sollten. Das hatte ebenso Einfluß auf die stilistische Haltung, denn bei aller Differenzierung der persönlichen »Handschriften« wurde doch häufiger zur vielfigurigen erzählenden Szene gegriffen als anderswo. Dennoch erscheint es als berechtigt, den »Ulk« in diesem historischen Überblick in die Nähe des »Simplicissimus« zu stellen. Wesentliche politische und soziale Wertungen, die die Karikaturen enthalten, sind in beiden Blättern gleich oder doch sehr ähnlich. Das betrifft einmal die sehr kritische Haltung zur sozialen Ungleichheit in der Weimarer Republik, die in bitter-ironischen oder gar sarkastischen Gegenüberstellungen besonders eindringlich ausgedrückt wurde, und gilt ebenso für die Art der antikommunistischen und antinazistischen satirischen Attakken, für die Ablehnung des Klerikalismus sowie für die spezifische Darstellung des bedrohten Friedens. Auch in der nationalistisch gefärbten Ablehnung der Versailler Siegermächte, insbesondere Frankreichs, zeigt sich Übereinstimmung. Im Verhältnis zur bürgerlich-republikanischen Demokratie hingegen – so wie es karikaturistisch formuliert wurde – gibt es mehr Berührung mit der sozialdemokratischen Karikatur im »Wahren Jacob« und in »Lachen links«; damit im Zusammenhang ist auch die scharfe satirische Position gegenüber der antirepublikanischen Rechtsprechung im Weimarer Staat zu sehen. Es ist sicher kein Zufall, daß von einem Zeichner wie Willi Steinert sowohl in den sozialdemokratischen satirischen Zeitschriften als auch im »Ulk« wesentliche Karikaturen veröffentlicht wurden.

Aus der großen Zahl der Karikaturisten des »Ulk« ragen einige insofern heraus, als ihr Anteil an den Karikaturen dieses Blattes besonders hoch ist, ohne daß sie dabei derart zu Hauptzeichnern geworden wären wie die alteingesessenen Künstler des »Simplicissimus« bei ihrer Zeitschrift. Es blieb auch keiner durchgängig von 1919 bis 1933 in dieser relativ dominierenden Stellung. Theodor Leisser, Oskar Theuer, Ferdinand Barlog und Georg Wilke setzten ihre Akzente in der ersten Hälfte der zwanziger Jahre, während in der zweiten Hälfte dieses Jahrzehnts beim »Ulk« insbesondere Willi Steinert, Hermann Wilke, Gerhard Holler, Martin Koser und dann vor allem Walter Herzberg hervortraten. Für die frühen dreißiger Jahre schließlich ist insbesondere Rudolf Herrmann zu nennen.

35 Oskar Theuer
Nationalistische Lüge und Wahrheit
Ein Dolchstoß, der eine Legende ist
Ein Dolchstoß, der keine Legende ist
Ulk (1921) 36

Theodor Leisser bevorzugte in seinen Karikaturen die vielfigurige Szene. Der gierige Wucherer, der selbstzufriedene Neureiche, der satte Spießer zählten zu seinen Typen, denen er mit Sarkasmus den Hungernden und Zerlumpten, den sozial Degradierten der Nachkriegs- und Inflationszeit gegenüberstellte. Dabei war sein Strich zunächst gar nicht so scharf; die Pointe steckte mehr im Untertext, aber auch dort nicht vordergründig (Abb. 34). Allmählich wurde sein Strich gespannter, gewann an komischer Brisanz, und so zeigt er sich uns in einer Karikatur auf die faschistischen Kulturbanausen (Abb. 42), überhaupt ist dieses Blatt eine der zeitigen Karikaturen gegen die Nationalsozialisten.

Oskar Theuer arbeitete vorrangig als politischer Satiriker, der sowohl die Berliner lokalpolitische Szene kommentierte als auch übergreifende Fragen deutscher Politik zeichnerisch aufgriff. Seine grundsätzliche Position ist aus einer Bilderfolge zu den Berliner Stadtverordnetenwahlen 1921 ersichtlich: Die Figuren des Nationalisten und des Kommunisten treten jeweils auf die Gestalt der Germania. Beide Varianten werden abgelehnt. Die einzige Möglichkeit zeigt das dritte Bild: die aufrecht stehende Germania mit dem Schutzschild »Demokratie« (1921, Nr. 41). Ein Bekenntnis zur bürgerlichen Demokratie also, als deren Gegner er – wie die Zeichner des »Simplicissimus« – zunächst gleichermaßen die ganz Rechten und die ganz Linken betrachtete. Nach seiner Meinung waren es die Sozialdemokraten gewesen, die die »Germania«-Kutsche aus dem Sumpf gefahren hätten, und deshalb attakkierte er den reaktionären Bürgerblock, der nun für sich die »Ernte« einbringen wollte (1924, Nr. 36). Von dieser Position her entlarvte er ebenso die nationalistische Dolchstoßlegende, in der Nachkriegszeit ein sehr wesentliches »Argument« der Rechten, und funktionierte sie wiederholt gegen ihre Erfinder um[18] (Abb. 35). 1924 schließlich zeichnete er dem Wähler eine kontrastierende Alternative: entweder den guten Weg der Demokratie zu wählen oder denjenigen des Hakenkreuzes, der ins Chaos führt. Der Gegner stand nun für ihn eindeutig rechts (1924, Nr. 14, 16, 17). Dieses politische Zupacken entsprach nicht Ferdinand Barlogs Art. Er machte heitere Glossen zu nicht ganz so gewichtigen Erscheinungen der Zeitgeschichte, zur »blauen« Nachkriegsmilch, zum Schlager der Saison oder zu Berlins damals neuestem Ruhm als Kinostadt (Abb. 38). Das heißt nicht, er hätte sich der politischen Thematik versagt. Er äußerte sich zum sogenannten roten Terror oder gegen die Besetzung des Ruhrgebietes. Anderes kam ihm mehr entgegen, wie etwa die »Jagd« der preußischen Justiz auf die Kunst, während sie die Großschieber und Umstürzler in Ruhe läßt (Abb. 45). Die Turbulenz der vielen kleinen, frisch hingezeichneten Figuren macht den Reiz seiner Blätter aus. Er war ein Humorist der Zeichenfeder, in dessen Szenen viele lustige Begebenheiten und Typen zu entdecken sein sollten. Diese Heiterkeit mußte jedoch durchaus nicht ohne ernsten Hintersinn bleiben, wie es durch das Titelblatt »Erste Klasse der ›Germania‹« (Abb. 39) belegbar ist. Auch Georg Wilkes starke Seite war die heitere Glosse. Er erfand lustige Situationen um die neue Errungenschaft Radio herum oder amüsierte sich über die Dadaisten bzw. die Primitiven in der bildenden Kunst. Der »Kintopp« zog ihn als neuartige Erlebniswelt der »kleinen Leute« an, und er verband damit manche kleine zeitgenössische Anspielung (Abb. 37). Er zeichnete die kess-fröhlichen Berliner Gören, und mitunter vermittelte er mit dem Spaß Traurigkeit über deren erbärmliches Kinderleben in den Mietskasernen (Abb. 40).

Über Willi Steinert, einen der Hauptzeichner des »Wahren Jacob« und von »Lachen links«, wird im folgenden zu sprechen sein. Nur soviel sei an dieser Stelle vermerkt: Er war ein sehr wichtiger

---

18 Die sogenannte Dolchstoßlegende wurde nach 1918 von chauvinistischen Kreisen aufgebracht. Entgegen den historischen Tatsachen verstieg man sich zu der Behauptung, Deutschland habe den ersten Weltkrieg durch den »Dolchstoß in den Rücken der Front«, durch den »Verrat der Heimat« verloren. Damit sollte die Revolution diskreditiert werden.

36 Oskar Theuer
Claire Waldoff, die Berliner Type
(Unsere Bühnen- und Filmsterne XVII.)
(»Warum soll er nicht mit ihr vor der Türe stehn?«)
Ulk (1924) 48

37 Georg Wilke
Berliner Kientöppe
Ulk (1923) 19/20

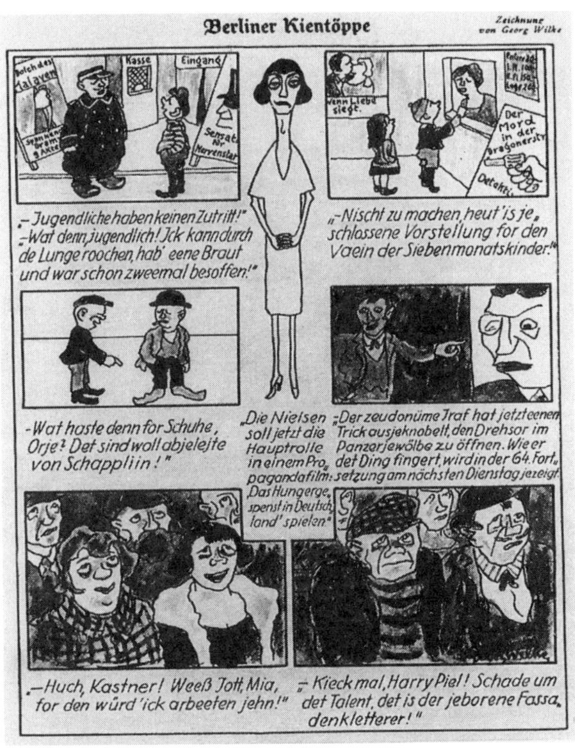

38 Ferdinand Barlog
Berlin, die Kinostadt
In Berlin und Umgebung werden täglich über hundert Filmaufnahmen gekurbelt
Der verwirrte Berliner: »Nun möchte ich bloß wissen, was hier Wirklichkeit ist und was Kino!«
Ulk (1921) 34

39 Ferdinand Barlog
Erste Klasse der »Germania«
»Ich glaube, wir treiben auf einen Eisberg zu!« – »Männeken, Sie sind jut! Was jeht uns der Eisberg an? Wir reden eben drüber, ob man auch noch im nächsten Jahr Jimmy tanzen wird.«
Ulk (1922) 10

40 Georg Wilke
Berlin N
»Mutta, kann ick uff'n Hof schpiel'n jeh'n?« – »Oben bleibste, die Luft macht dir bloß Hunga!«
Ulk (1924) 32

41 Martin Koser
Die Erziehung zur Republik
Ulk (1929) 48

42 Theodor Leisser
Hitler-Helden
(Die Nationalsozialisten in München verhinderten bekanntlich die Vorführung des Films »Nathan der Weise«.)
»... Wie ich erfahre, soll der Film ›Nathan der Weise‹ auf ein gleichnamiges Theaterstück eines gewissen Lessing zurückzuführen sein. Ich beantrage, bei der Regierung die Ausweisung dieses zweifellos jüdischen Schriftstellers zu veranlassen!«
Ulk (1923) 12

43 Robert Berény
Der Amnestie-Automat
(Gebrauchsanweisung: Man decke abwechselnd die beiden Gesichtshälften ab.)
Nach rechts nickt er – nach links pickt er!
Ulk (1925) 33

44 Willi Steinert
Die gescheiterte Abrüstung
»Später werde ich mir aus diesen Dingerchen eine Uhrkette machen lassen!«
Ulk (1928) 40

45 Ferdinand Barlog
Die Sorgen der preußischen Justiz
Die Jagd auf den »Venuswagen«
Ulk (1921) 45

politischer Karikaturist, doch seine aussagestärkeren Blätter erschienen zweifellos in den beiden sozialdemokratischen Zeitschriften. Im »Ulk« waren die Themen seiner Karikaturen unter anderem auf die Kritik an den neuen Medien-Monopolen der Hugenberg und Scherl konzentriert[19] (Abb. 47). Hermann Wilke arbeitete mit festem Strich und einfachem Bildaufbau. Er setzte beides sowohl für spaßige Kommentare zu Zeitmoden (Abb. 46) als auch für politische und soziale Kritik ein. Zwei seiner Titelblätter mögen als Beleg dienen. »Der ›letzte‹ Kronzeuge« (1925, Nr. 47) zeigt die Gestalt des Friedens mit zwei Dolchen im Rücken – auch hier ist also die unrühmliche Dolchstoßlegende aufgegriffen und gegen ihre Erfinder gekehrt, denn diese Dolche sind bezeichnet als »Versäumter Friede von 1916« und als »U-Boot-Krieg«. Der Frieden spricht die Worte: »Der ›Erdolchte‹, meine Herren, war ich.« Und an die gleiche Adresse gerichtet war der Titel »Fürsten-Abfindung« (1926, Nr. 3), der den deutschen Michel darstellt, als er sich dagegen verwahrt, daß aus seinem republikanischen Hühnerhof die Fürstengeier gefüttert werden sollen. Für Hermann Wilkes soziales Engagement und sein Geschick, in antithetischer Gegenüberstellung seine soziale Anklage zu verstärken, mag das Blatt »Zweierlei Melodie« stehen (1927, Nr. 34), das sarkastisch darauf verweist, wie die berüchtigte Phöbus-Film-Gesellschaft mit sechs Millionen aus dem Reichswehrfonds »weiterkurbeln« könne und daß der Kriegsveteran, der nichts abbekommt, mit seinem Leierkasten »weiterkurbeln« müsse. Gerhard Holler vermochte seinen Figuren mit schwingenden Konturen, übersteigerten Haltungen und ausladenden Gesten den Ausdruck von Beweglichkeit und Erregung mitzuteilen. Diese karikaturistischen Gestalten setzte er in Szene, um die rechtsgerichtete Justiz der Weimarer Republik anzuprangern (Abb. 48), den mit Demagogie verbrämten Konservatismus der Deutschnationalen zu entlarven oder die Verlogenheit rückwärtsgewandter Filmemacher aufs Korn zu nehmen[20] (Abb. 49). Er spottete damit ebenso über sporttreibende Frauen wie über das Plagiat in der zeitgenössischen Schriftstellerei. Martin Koser widmete sich noch mehr der Kultur- und besonders der Literaturszene, die er deftig-ironisch glossierte, wobei er gern die Porträtkarikatur berühmter Schriftsteller einsetzte. Er brachte sein zeichnerisches Können aber auch ein, um der fortschrittlichen Kunst zu helfen, sich gegen Anwürfe der Gestrigen zu behaupten, wofür der Einsatz der spezifischen Bedeutungsperspektive in »Gullivers Kerze in Liliput« (Abb. 51) ein beredtes Beispiel ist. Martin Koser spürte ebenso der sozialen Psyche seiner Zeit nach, und er bannte unterschiedliche bürgerliche Typen als Ausdrucksträger sozialpsychischer Fehlhaltungen mit Ironie auf seine Blätter (Abb. 53, 55). Dabei wurde sein zeichnerischer Stil zunehmend fester und großzügiger und damit schlagkräftiger. Er nutzte ihn dann auch für die politische Karikatur, die er gegen die republikfeindliche Justiz (Abb. 41), gegen die Friedensbedrohung, aber ebenso gegen die Sowjetunion einsetzte. Auch der in den Jahren um 1930 herum beim »Ulk« vielbeschäftigte Walter Herzberg ironisierte mit seinen Karikaturen in heiterer Weise typische kulturelle Erscheinungen dieses Zeitabschnittes, insbesondere den Tonfilm, die Bühne mit dem Ausdruckstanz, Neues aus der Schriftstellerei. Er verband das Motiv aus der Kultur wiederholt mit bitterer sozialer Anklage, wenn er etwa die Bauausstellung 1930 mit dem Wohnungselend konfrontierte (Abb. 50) oder wenn er die Traumwelt des Films mit dem ruinierten Leben der Krisenopfer verglich (Abb. 54). Er griff auch zu direkten

46 Hermann Wilke
Frühling 1926: Selbst der Storch irrt sich!
Ulk (1926) 11

19 Die Monopolisierung der Medien war ein Charakteristikum der Weimarer Republik. Führend war der Medienkonzern Alfred Hugenbergs, der in der zweiten Hälfte der zwanziger Jahre auch Scherl und Ufa übernahm. Die liberale und linke Kritik daran richtete sich gegen die Monopolisierung der Meinungsbildung und gegen die Verhetzung des deutschen Volkes.

20 1926/27 wurde in der Reihe der Preußenfilme die Fridericus-Rex-Trilogie gedreht, einem verlogenen Hurra-Patriotismus huldigend.

47 Willi Steinert
Circulus vitiosus
Hugenberg: »Den Republikanern nehme ich das Geld im Kino ab, das ich brauche, um in meinen Zeitungen gegen die Republik zu hetzen!« Ulk (1927) 46

48 Gerhard Holler
Hochverrat vor dem Reichsgericht
»Ich werde die Republik vor Ihnen zu schützen wissen!«
»Ich werde Sie vor der Republik zu schützen wissen!« Ulk (1927) 9

Der Königsfilm

„Mensch, Piper, bloss nicht so realistisch. Auf Wahrheit pfeifen wir — was unser Publikum nötig braucht, ist Stimmung!"

49 Gerhard Holler
Der Königsfilm
»Mensch, Piper, bloss nicht so realistisch. Auf Wahrheit pfeifen wir – was unser Publikum nötig braucht, ist Stimmung!«
Ulk (1926) 23

50 Walter Herzberg
Bauausstellung 1930 gesichert
»Gott sei Dank, Kinder, nu könn' wir wenigstens 1930 sehn, wie wir's haben werden, wenn 1970 mal Wohnungen fertig werden!«
Ulk (1928) 39

51 Martin Koser
Gullivers Kerze in Liliput
Ulk (1929) 17

52 Artur Stadler
Berlin und Wien wieder Schulter an Schulter
Der reizlose Krieg
Das reizvolle Militär
Ulk (1931) 3

53 Martin Koser
Teegeflüster
»Liebe Freundin – ich halte das Kinderkriegen für einen schamlosen Atavismus!«
Ulk (1926) 19

54 Walter Herzberg
Das Tonfilm-Leben ein Traum!
»Siehste, Otto, wenn wir auch abgebaut sind – das Leben ist doch schön!«
Ulk (1930) 46

55 Martin Koser
Gemütsmenschen
Sie: »Man sollte das Orchester doch lieber durch Radio ersetzen, damit man nicht immer die halbverhungerten Künstler zu sehen braucht!«
Ulk (1925) 50

bildlichen Gegenüberstellungen und fand unter anderem eine schlichte Bildformel, als er im vergleichenden Nebeneinander des Schriftstellers Thomas Mann und des professionellen Boxmeisters Max Schmeling die Verkehrung der kulturellen Werte, die für den Kulturbetrieb der zwanziger Jahre recht bezeichnend war, visualisierte[21] (Abb. 56). Doch Walter Herzberg war ebenso politischer Karikaturist, als der er sich häufiger in die Auseinandersetzung mit den Nationalsozialisten einreihte. Er zielte dabei insbesondere auf die Geistlosigkeit und auf das geringe Bildungsniveau der Nationalsozialisten und ihrer Ideen. Mit einem in starker perspektivischer Verzerrung dargestellten liegenden SA-Mann ist seine Auffassung verdichtet personifiziert: große Stiefel zum Zertrampeln – aber kleiner Kopf (1930, Nr. 27). Der »Vorbote des Dritten Reiches« (1931, Nr. 3) – ein Tod in SA-Uniform mit rauchender Pistole – hatte bildliche Entsprechungen in der sozialdemokratischen und in der kommunistischen Karikatur. Auch die soziale Demagogie der Faschisten nahm er wie viele Karikaturisten wiederholt in sein satirisches Visier; noch wichtiger war, daß er dazu beitrug, den Zusammenhang zwischen Hitler und finanzgewaltigen Kräften im Weimarer Staat karikaturistisch aufzudecken.

56 Walter Herzberg
Zwei Machthaber
»Der Nobelpreis beträgt dieses Jahr 200 000 Mark. ... Die Literatur bleibt, wie je, eine Macht, und da die Macht sich allgemein fasslich in Geld ausdrückt, fällt ihr Geld zu.« (Heinrich Mann in Nr. 537 des »B.T.«) Dem Meister Max Schmeling ist für seinen nächsten Boxkampf eine Börse von 250 000 Dollar zugesichert. (Sportnachricht)
Ulk (1929) 48

Walter Herzberg arbeitete mit dem Strich variabel. War dieser einmal dominierend auf der weißen Fläche, war er ein anderes Mal eingebunden in weich schraffierte oder gekörnte Flächen. Erzielte er im ersteren Falle mehr oder weniger sezierende Ausdrucksschärfe, ließ er im letzteren die malerische Stimmung wirken. Dabei wählte er diese Mittel durchaus abgestimmt auf das jeweilige Thema und entworfene Bildmilieu. Verzerrungen seiner Figuren nahm er nur wenig vor oder konzentrierte sie auf die Physiognomien. In seinen Szenen war oft wenig Bewegung. Die ganz hart agitatorisch zupackende Karikatur wurde das nicht. Das gilt in anderer Weise auch für die Zeichnungen von Franz Christophe, die in den Jahrgängen seit 1930 des öfteren zu finden sind. Allerdings war Christophe – dessen künstlerische Frühzeit um 1900 lag – kein politischer Karikaturist; er bezog seine Blätter vorrangig auf die Kulturszene, wobei Probleme um den Film und die Kunst aufgegriffen wurden (Abb. 57). Er umriß seine Figuren mit feinem, in kurzen Schwüngen gezogenem Strich, dem etwas Ornamentales anhaftet und der Träger einer heiteren Ironie wurde. Man vermeint, die Freude am zeichnerischen Spiel zu spüren, und das auch dort, wo Sozialkritisches gemeint ist. Der herausragende Zeichner von politischen Themen war beim »Ulk« der frühen dreißiger Jahre Rudolf Herrmann. Er hatte dort wesentlichen Anteil an der Kritik, die an den Nationalsozialisten geübt wurde. Gar nicht selten bekam er die Titelseite. Rudolf Herrmann war ebenfalls namhafter Mitarbeiter der proletarischen satirischen Zeitschriften »Eulenspiegel« und »Roter Pfeffer«. Der »Weihnachtsengel 1931« (Abb. 33) ist durchaus repräsentativ für seine antifaschistischen Karikaturen im »Ulk«. Sie waren geprägt durch Hohn und Spott auf das Gebaren Hitlers und dessen SA-Scharen, wiesen aber auch mit der Figur des messerwetzenden oder den Galgen tragenden Hitler auf die drohende Gefahr hin. Unter dem Sprichwort »Nur die allerdümmsten Kälber wählen ihren Metzger selber« zeichnete Rudolf Herrmann die nationalsozialistischen Wählermassen als Herde Schlachtvieh, die blindlings dem Schlächter Hitler zuläuft (1932, Nr. 10).[22] Er deutete mit dem deutschen Michel, der auf seinem Rücken einen von einem Kapitalisten gestützten SA-Mann zu schleppen hat, den Zusammenhang zwischen Kapital und faschistischer Bewegung mit einer eingängigen Bildformel aus. Diese Eingängigkeit von Szene und Stil ist charakteristisch für seine Karikaturen, die zumeist bewegte, figurenreiche Aktionen darstellen, die mit kräftig-flottem Strich aufs Blatt gebannt sind.

---

21 1929 besiegte der deutsche Boxmeister im Schwergewicht Max Schmeling in Amerika Joe Monte durch k.o. Er avancierte zum Nationalhelden mit hoher Dotierung. Am Ende des selben Jahres erhielt Thomas Mann den Nobelpreis.

22 Für den »Roten Pfeffer« (1932, Heft 7) schuf Rudolf Herrmann eine Variante dieser Karikatur, s. Abb. 137

Wie die »Simplicissimus«-Karikatur so griff auch diejenige des »Ulk« den Typ des deutschen Michel immer wieder auf. Allerdings erfuhr er im »Ulk« vorrangig nur die Ausdeutung als der arme Gepeinigte, ausgesaugt durch die Reparationsforderungen der Siegermächte. Der Typ des Armen, des sozial an den Rand Gedrängten wurde ebenfalls häufig eingesetzt, zumeist nicht verzerrt, denn nicht er war das Objekt der satirischen Angriffe. Dazu zählten in der sozialkritischen Karikatur für die Zeichner des »Ulk« vielmehr die Typen des wohlbeleibten Reichen, des Geldsack-Kapitalisten, des arroganten Aristokraten und auf etwas niedrigerer sozialer Ebene die Frau Raffke oder der neureiche »Biedermann«. In der innenpolitischen Karikatur wurden Typen für diejenigen Kräfte und Positionen erfunden, die nach Meinung des »Ulk«-Teams zu den Gegnern der Weimarer Republik zu zählen waren, vertreten durch die unterschiedlichen Varianten des konservativen oder rechtsgerichteten Richters, die Mediengewaltigen Scherl und Hugenberg (die als bildbeherrschende Porträttypen gestaltet wurden), die Handlanger des Konservatismus wie völkische Studienräte, ungebildete Spießer, wütige Deutschnationale, hochnäsige Korpsstudenten. Zu den Feinden der Republik gehörten ebenso die Nationalsozialisten, die häufig durch den Typ des randalierenden SA-Mannes, dann auch durch das Spottbild Hitlers vertreten waren, wie – analog dem »Simplicissimus« – die Kommunisten.

57 Franz Christophe
Das Lied vom Leben der Filmzensur
Ulk (1931) 13

58 Kurt Hügelow
Klassische Filmblüte
»Ich verfilme jetzt Goethes ›Egmont‹, aber wie ich in diese alte Chose Tempo reinkriegen soll, ist mir völlig schleierhaft!«
Ulk (1926) 39

Da Karikaturen auf das Kulturleben im »Ulk« einen breiten Raum einnahmen, wurde für sie ein eigenes Typen-Repertoire entwickelt, das entsprechend der großen Zahl beteiligter Zeichner recht variantenreich war. Die Typen des hektischen und neuerungssüchtigen Regisseurs von Bühne und Film, des snobistischen Autors, der modischen Schauspielerin bevölkerten die karikaturistischen Szenen ebenso wie diejenigen des dem turbulenten Treiben ausgelieferten Theater- oder Filmbesuchers. Das Revuegirl avancierte zum karikaturistischen Typ und auch die billige Kabarettistin. Die Flut der künstlerischen Neuerungen erweckte den Eindruck von Oberflächlichkeit, Unreife, unlauterer Konkurrenz, und in die Karikaturen kamen die

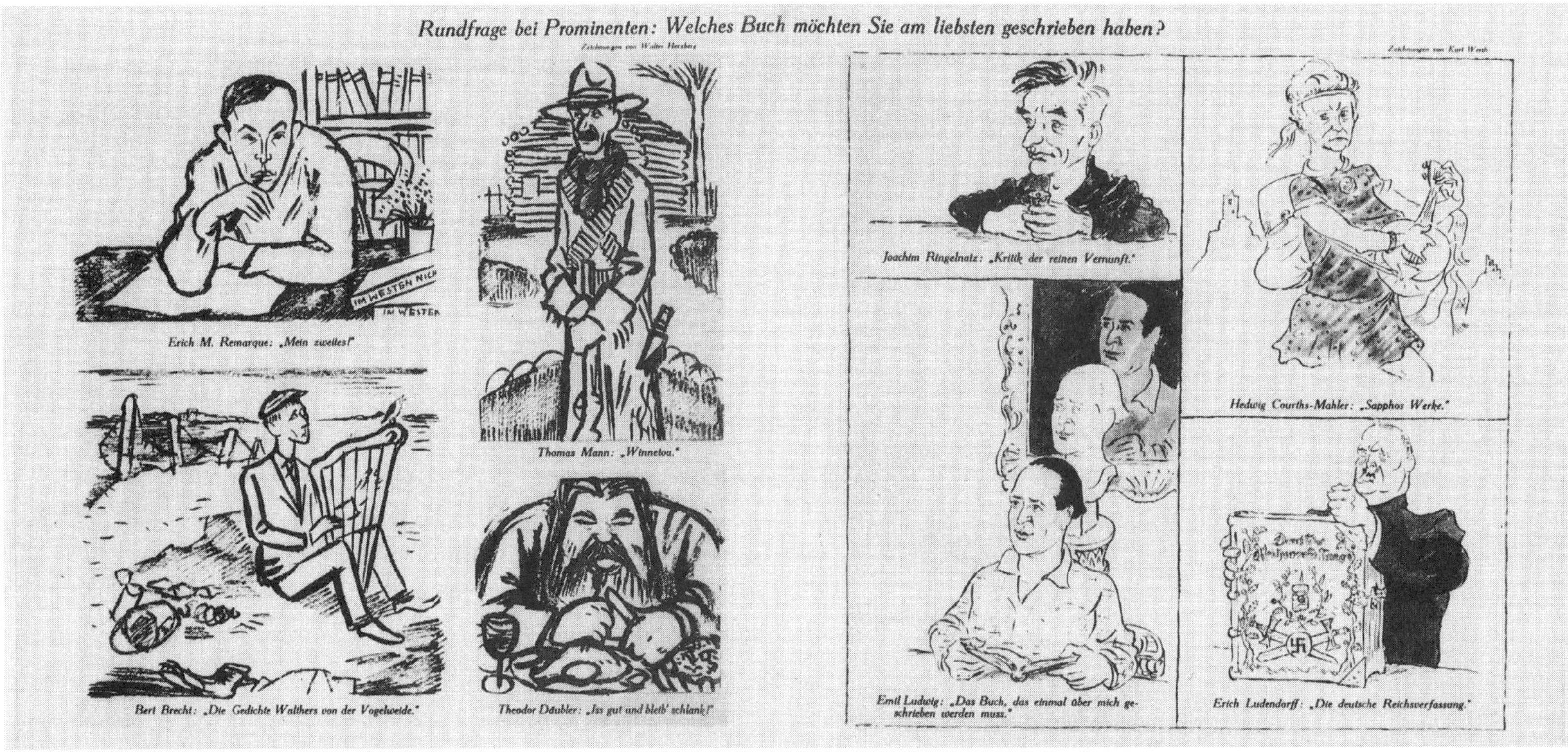

59 Kurt Werth und Walter Herzberg
Rundfrage bei Prominenten:
Welches Buch möchten Sie am liebsten geschrieben haben?
Erich M. Remarque: »Mein zweites!«
Thomas Mann: »Winnetou.«
Bert Brecht: »Die Gedichte Walthers von der Vogelweide.«
Theodor Däubler: »Iss gut, bleib schlank!«
Joachim Ringelnatz: »Kritik der reinen Vernunft.«
Hedwig Courths-Mahler: »Sapphos Werke.«
Emil Ludwig: »Das Buch, das einmal über mich geschrieben werden soll.«
Erich Ludendorff: »Die deutsche Reichsverfassung.«
Ulk (1930) 15

Typen des arroganten, des künstlerisch unsoliden, des weltfremden Malers oder Literaten. Sehr gerne wurde mit dem Künstlerporträt gearbeitet, wurde die Kultursatire personalisiert (eine Parallele zur Personalisierung in der politischen Karikatur). Nachdrücklicher Aufmerksamkeit »erfreute« sich Max Reinhardt, dem oft bissige Ironie galt, aber auch Schriftsteller wie Thomas Mann, Joachim Ringelnatz, Erich M. Remarque, Bertolt Brecht, Theodor Däubler oder Alfred Döblin wurden wegen künstlerischer Eigenheiten und wegen Besonderheiten in ihrem Umgang meist freundlich verspottet. Von Bühnen- und Filmstars wie Henny Porten und Asta Nielsen, Fritzi Massary und Rosa Valetti oder wie dem gewichtigen Albert Bassermann entstanden Porträtkarikaturen – die Karikatur fügte sich ein in den Popularitäts-»rummel« der Zeit. Sie konnte es allerdings nur, weil Erscheinungen der Kunstszene – vor allem des Films und des Theaters – tatsächlich in erstaunlichem Maße in der öffentlichen Diskussion waren, begründet etwa durch den Massencharakter des Films oder durch die künstlerische Experimentierfreudigkeit auf den Bühnen, in den Film- und Malerateliers. Die Drehszene, die Kinoleinwand, das Lichtspiel- und Theaterpublikum gingen als Themen, Motive, Sinnbilder in die Karikatur ein. Ebenso geschah es mit dem neuen Massenmedium Radio.

Die Typen der sogenannten eleganten Welt fanden breite Aufnahme in den Karikaturen des »Ulk«. Das Damenboudoir und das Herrenzimmer konnte man häufig als karikaturistische Szenen finden. Dabei wurde vieles publiziert, das bereits damals kaum von Belang war und heute schon gar kein Interesse beanspruchen kann. Doch gab es darunter auch immer wieder Blätter, die die Lebensansichten und -praktiken der »vornehmen« Gesellschaft dem Hohn und Spott preisgaben, verkörpert etwa in Typen wie den »überzüchtet« wirkenden, unfraulichen Modedamen oder den fettleibigen Vertreterinnen des Neureichtums und im männlichen Bereich im sportlich eleganten Galan oder im wohlsituierten reifen Herrn. Waren es oft auch Gesprächssituationen, die dargestellt wurden, vom Wortwitz des Untertextes in entscheidendem Maße abhängig, so trug die Typengestaltung der Zeichnung doch nicht unwesentlich zu der spöttischen Aussage bei. In diesem Umfeld war auch die Modekarikatur vornehmlich angesiedelt, die mit heiterem Witz die Extravaganzen der jeweiligen Modelinie bildlich ins Extrem steigerte oder eben als soziales Charakteristikum der genannten bürgerlichen Typen eingesetzt wurde.

Von 1930 bis 1932 erschien das literarische Magazin »Neue Revue«, das allerdings auch der Karikatur Platz einräumte. Es wurden Zeichnungen

60 Lisbet Juel
Kino
– »Weisst du, Lilly, du kommst mir manchmal vor wie ein moderner Film.« – »Wieso?« – »Na, ebenso lang, ebenso koloriert und ebenso unmoralisch!«
Ulk (1925) 42

61 Jupo (Julius /?/ Potzernheim)
Kollegen
»Was ist Kitsch?« – »Das, was der Kollege macht!«
Ulk (1925) 43

62 Duwdiwani (Jecheskiel Chaskiel Dawid Kirszenbaum)
Abstrakte Kunst
»Die Natur ist ganz einfach Kitsch, und ein Kerl, der sie abmalt, verursacht mir geradezu Brechreiz!«
Ulk (1926) 21

64 Otto Griebel
»Das Unbehagen in der Kultur«
Neue Revue (1931/32) 3/4

63 Werner Saul
O, du mein Heimatland!
Neue Revue (1931/32) 1

65 Werner Saul
Ullstein-Wunschtraum-Industrie
Neue Revue (1931/32) 3/4

66 Carl Olaf Petersen
»Ich möchte 'ne Eintrittskarte,
einen Rollstuhl und eine Versicherung gegen geistige Unfälle.«
Jugend (1919) 50

67 George Grosz
Der Hochfeine
»Wählen? Nee, Gnädigste! Zwischen einem Arbeitslosen und einem Schwerarbeiter bloss so mitgezählt werden – das ist nicht standesgemäss.«
Ulk (1930) 36

68 Erich Wilke
Moloch Film Jugend (1920) 26

bzw. Graphiken unter anderem von Erich Ohser, Werner Saul, Karl Holtz, George Grosz, Karl Rössing, Marcel Frischmann, Walter Herzberg, Gerhard Holler, Kurt Werth und Otto Griebel veröffentlicht, also teilweise von Karikaturisten, die ebenso im »Simplicissimus« und im »Ulk« – wie sich zeigen wird auch in linksgerichteten Zeitschriften – vertreten waren. Die stilistische Erscheinung war entsprechend vielfältig und meist von guter graphischer Qualität. Es erschienen antifaschistische Karikaturen, am berühmtesten davon ist wohl Erich Ohsers »Wohin rollst du, Goebbelchen?« (1930/31, Nr. 10). Wie hier wurde wiederholt auf den Zusammenhang zwischen der faschistischen Bewegung und dem Kapital verwiesen. Karl Rössings »Irdisches Wohlergehen – ein Beitrag zur Wirtschaftspolitik« ist in seiner drastischen Sozialkritik bezeichnend für die Zeit: der schwebende Kapitalist einerseits und der stürzende Arbeiter andererseits (1931/32, Nr. 1).

Der Akzent lag bei der kultur- und moralkritischen Karikatur, hier also dem »Ulk« vergleichbar. Allerdings war diese bildsatirische Auseinandersetzung in der »Neuen Revue« mitunter um einige Nuancen schärfer und umfassender, wozu ganz besonders die Blätter Werner Sauls und Otto Griebels beitrugen – »O, du mein Heimatland!« und »Das Unbehagen in der Kultur« (Abb. 63, 64) sind dafür charakteristische Beispiele. Die perspektivisch hochgeklappte Komplexszene bietet jeweils einen panoramahaften Überblick über gesellschaftliche Erscheinungen und Gruppierungen der Weimarer Republik, die in sozialtypischen Figuren personifiziert sind. Otto Griebel hatte nicht den scharf sezierenden Strich, aber eine ungemein genaue, fast naturalistische Charakterisierungskunst, die sozial geprägten Habitus und Physiognomie schonungslos erfaßte. Werner Saul beschränkte sich mehr auf die bewegte, erregte Linie, mit der er seine Typen umriß.

3 DIE SIMPELHEITER »FLIEGENDEN BLÄTTER‹

69 Josef Geis
Frühlings Erwachen
»Sie haben's ja notwendig, Madam, daß S' meine Naturbluma runtersetzen. Sie Treibhauspflanzerl, Sie in d' Höh' g'schossen's.«
Fliegende Blätter (1927) 4262

Die galante Szene machte den hauptsächlichen Anteil an den bildlichen Darstellungen in den »Lustigen Blättern«, den »Meggendorfer Blättern« und den »Fliegenden Blättern« aus. Hier hatte der gezeichnete bürgerliche Humor in der ganzen Breite seiner gelungenen und fragwürdigen Schattierungen ein wichtiges Medium in der Weimarer Zeit. Dabei konnten alle diese »Blätter« bereits auf eine Geschichte und teilweise einen erheblichen Profilwandel zurückblicken. Die Münchener »Fliegenden« zum Beispiel waren im Oktober 1844, also im Vorfeld der 1848er Revolution, gegründet worden und hatten sich damals schnell zu einer politisch-satirischen Zeitschrift von Rang entwickelt. Diesen Charakter büßten sie im Laufe der Jahrzehnte allerdings völlig ein und befriedigten in den zwanziger Jahren den Humorbedarf sogenannter besserer Kreise. Man machte sich über das bayerische Dorfleben oder über die Münchener Salvatorbierseligkeit lustig, glossierte spleenige Ideen und Vorkommnisse aus »feinen« Häusern, illustrierte galante Begebenheiten aus dem Wintersport oder aus der Karnevalzeit. Kinderspäße waren ebenso Anlaß für lustige Zeichnungen wie Modeerscheinungen für simpel-heitere Bilderwitze – die schnell wechselnden Tänze und Schlager, das bewegte Modeleben hinsichtlich Kleid und Frisur boten Stoff genug: Charlestonfigur, kniefreier Rock und Bubikopf wurden Motive der Humorszenen. Die modernisierte Lorelei mit Saxophon und Bubischnitt diente als spaßige Allegorie (1925, Nr. 4190). Der hauptsächliche Typ war die elegante Dame. Sie posierte in »vornehmen« Ehegesprächen, führte die Manieren der »modernen« Frau vor (Abb. 69) und drückte weibliche Eifersüchteleien aus. Gecken weiblichen und männlichen Geschlechts amüsierten sich über Geldheiraten und spöttelten über Verlo-

70 Walter Herzberg
Eros im »Romanischen«
»Geben Sie sich keine Mühe, liebes Kind, bei mir Stefan Zweig: ›Verwirrung der Gefühle‹!«
Lustige Blätter (1928) 16

bung und die bürgerliche Ehe, selbstverständlich ohne jeglichen sozialkritischen Anspruch. Die bildlichen Glossen über das Radio nahmen kein Ende und auch nicht diejenigen über den sich ständig ausweitenden Durchschnittstourismus nach dem Baedeker. Im Grunde ging es immer um Anekdotisches, das etwas vermeintlich Typisches, zum Beispiel der bayerischen Landleute, der bürgerlichen Ehe oder der sächsischen Touristen, enthalten sollte. Alles war auf leichte Unterhaltung ausgerichtet. Das, was im Illustrationsteil des »Ulk« nur eine Seite ausmachte, wurde hier zum Standard der Bildaussage gewählt.

Darin unterschieden sich die ebenfalls in München erscheinenden »Meggendorfer Blätter« nicht von den »Fliegenden Blättern«, und es mutet fast wie eine geschichtliche Konsequenz an, daß Ende der zwanziger Jahre beider Fusion erfolgte. Auch die Zeichner von den »Meggendorfer Blättern« machten sich lustig über die »Gemütlichkeit« und die »Naivität« der Dorfbewohner und der Kleinstädter. Sie scherzten über den verarmten Adligen und den »ungehobelten« Neureichen. Mit heiterem Spott erfanden sie Szenen aus der sogenannten feinen Gesellschaft, um das Formale oder auch das Berechnende ihres Umganges belächeln zu lassen. Sie dachten sich galante Bildwitze aus über die Langeweile in »modernen« Ehen, über reiche Heiraten, ja über die Ehe überhaupt – das alles sollte ebenso wenig ernst genommen werden wie die Dienstmädchen- und die Bettlerwitze. Damenkränzchen, alte Jungfern und Provinzweiber wurden Bildobjekte zum Amüsieren; nicht besser erging es der Figur des sich in der Sommerfrische auf dem Lande unbeholfen bewegenden Städters. Die gezeichneten Gaunererlebnisse sollten zum Schmunzeln veranlassen. Modetorheiten »kleiner« und »großer« Damen boten den Bildermachern

Der Sohn des Kubisten — „Papa hat mir einen ‚Reif' gemacht, den soll ich nun von der Stelle bringen!"

Wie es in der Hölle, Abteilung für Jazzmusiker, aussehen wird!

72 Willi Krause
Wie es in der Hölle, Abteilung für Jazzmusiker, aussehen wird!
Lustige Blätter (1930) 12

71 Johannes B. Maier
Der Sohn des Kubisten
»Papa hat mir einen ›Reif‹ gemacht, den soll ich nun von der Stelle bringen!«
Meggendorfer Blätter (1921)1608

Zeitungs-Kiosk von heute
Der Wahlspruch, den ein junger Mann hat? Je weniger das Bild drauf ‚anhat',
„Je toller sich das Blättchen tauft, Je mehr wird so etwas gekauft!"

73 Paul Simmel
Zeitungs-Kiosk von heute
Der Wahlspruch, den ein junger Mann hat? »Je toller sich das Blättchen tauft, Je weniger das Bild drauf ›anhat‹, Je mehr wird so etwas gekauft!«
Lustige Blätter (1920) 16

74 Heinrich Zille
Epidemie
»Schon wieder ein neuer Mord?«
»Noch nicht, aber man erwartet ihn stündlich; es ist das einzige Haus, in dem noch keiner passiert ist!«
Lustige Blätter (1920) 51

76 W. A. Wellner
Die verstümmelte Muse
Der Steuerfiskus: »Die schönen bunten Federn sind Luxus, die pfände ich.«
Die Kunst: »Wie soll ich mich dann hinaufschwingen ins Reich der Phantasie?«
Lustige Blätter (1921) 5

75 Carl Olaf Petersen
Motzstraße
Lustige Blätter (1920) 3

einen unbegrenzten Fundus für neue Einfälle. Das Schuldenhaben war häufiges Thema in den Gesprächsszenen mit eleganten Herren – nicht etwa mit armen Leuten – und wurde natürlich als Kavaliersdelikt interpretiert. Genauso hielt man es, wenn oft zu tatsächlichen oder erdachten Liebesaffären in den »besseren Kreisen« humorige Zeichnungen erschienen, und der Spott über die oberflächliche Bildung in dieser Gesellschaftsschicht war auch nicht besonders scharf gemeint.

Hinzu kam, daß viele der für die »Blätter« arbeitenden Zeichner über kein sonderlich ausgeprägtes gestalterisches Vermögen verfügten. Da gab es viel Schematisches und Glattes im Strich, der gerade in den galanten Szenen oft nichts Komisches an sich hatte. Etliches war gar zu flott hingezeichnet. Manches Blatt wirkte mehr wie eine Modedarstellung. Die Zahl der Zeichner war überall recht groß. Das spiegelte sich jedoch nicht gleichermaßen in stilistischer Vielfalt wider. Es überwog die Salonszene. Außerdem wurden gern das Milieu des Café-Hauses und des teuren Restaurants gewählt, das Ballgeschehen und das Künstleratelier. Der Flaneur auf der Straße und die flotte Dirne an der Ecke avancierten ebenso zu Typen dieser Bildwelt wie der reiche Lebemann, der »Held« des Tanzparketts oder der Jazzmusiker, aber auch herzige Kinder, Bauerndeppen oder lebensfrohe Landstreicher. Auffallend ist das Überwiegen von jener Art Gesprächskarikatur, in der der Gesprächsinhalt der Unterschrift austauschbar ist, da kein enger Bezug zwischen Bildszene und Text besteht.

Auch die Berliner »Lustigen Blätter« fügten sich mit ihren Humorzeichnungen in das skizzierte Umfeld ein, wenngleich insgesamt der Anspruch hinsichtlich Witz und Bildgestalt doch etwas höher war. Die »Lustigen Blätter« existierten bereits seit 1886. Zum vierzigjährigen Bestehen wurde eine Zeichnung von Heiligenstaedt veröffentlicht, auf der die Witzblattfiguren von einst und jetzt gratulieren (1926, Nr. 40). Die von einst – das sind z. B. der Gendarm, der Leutnant, die gestrenge Frau Mutter, der trottlige alte Herr, der Korpsstudent; die von heute – die Neureiche, das Ballettgirl, die junge Dame in männlichem Zuschnitt, der Schutzmann oder der Sportler. Die Witzblattfiguren korrespondierten also durchaus mit Typen in der sozialen Wirklichkeit und hingen in ihrer bildlichen Existenz von dem Vorhandensein der Letztgenannten ab.

Ein Zeichner der »Lustigen Blätter« war es, der seine Kollegen von der Humorzunft weit überragte: Walter Trier! 1910 war er bereits zu den »Lustigen Blättern« gekommen, bei denen er dann bis 1935 arbeiten sollte. 1923 wurde er Zeichner der Zeitschrift »Die Dame« und seit 1924 Zeichner des Magazins »Uhu«. Er war ständiger Mitarbeiter der monatlichen Programmzeitschrift »Die Frechheit« des »Kabaretts der Komiker«. Außerdem zählte Walter Trier zu den besten Kinderbuchillustratoren der zwanziger und dreißiger Jahre, und es gehört alles zusammen – der Humor seiner witzigen Zeitschriftenblätter und derjenige seiner Illustrationen, denn immer ist er beherrscht von demselben Blick auf die Welt. »Trier verehrte Wilhelm Busch, aber der handlungsschnelle Witz und noch mehr der verweilende, auskostende Humor seiner Zeichnungen verweisen darauf, daß er die humorvollen Sujets der holländischen Malerei, die der Brouwer, Steen und Ostade, gut gekannt haben muß.«[23] Der Gewinn, den er in die Zeichenkunst einbrachte, lag nicht im Formalen, dort war er kein besonderer Neuerer. Er lag vielmehr in der eigenartigen heiter-verspielten Auffassung von den Dingen der Welt, die er in seinen Figuren und Szenen kundtat. Es ist darauf verwiesen worden, daß Walter Trier ein sehr feinsinniger Spielzeugsammler gewesen ist, der sich auch in den Jahren der Emigration nie von seinen Spielzeugen getrennt hat. »Er liebte die Welt,

77 Walter Trier
Masken, in denen wir sie nicht erkennen würden!
Lustige Blätter (1928) 5

23 LANG, Lothar: Walter Trier (Klassiker der Karikatur 4). 2. Aufl. Berlin 1980. S. 131, 132

so arg sie sein mochte, und machte sie zu seiner Spielzeugschachtel. Und er liebte das Spielzeug und machte es zu einem Teil seiner Welt«, so äußerte sich Erich Kästner darüber. Und es ist wohl tatsächlich so, daß in Walter Triers Bildwelt vieles aufgehoben ist von der heiteren Naivität und dem Phantasiereichtum der kindlichen Vorstellung, die im Umgang mit dem Spielzeug zum Ausdruck kommen, und daß – wie Lothar Lang bemerkte – die Einfachheit, Schlichtheit und das Bunte vieler Zeichnungen Triers in derselben Art volkstümlich sind wie das Spielzeug, wie die Puppen, Hampelmänner oder Nußknacker.[24]

Damit ist gleichermaßen auf das Wertvolle und die Begrenzung dieser heiteren Szenen hingewiesen. Da drückt sich Sehnsucht aus nach einer heilen Welt in einer Zeit voll sozialer und politischer Spannungen, voll Not und Talmi – doch da ist kein Kämpfen. 1918 hatte sich Walter Trier vorübergehend an dem revolutionären Elan begeistert und für die »Lustigen Blätter« (1918, Nr. 47) das Titelblatt mit dem »roten Trommler«, der über den Erdkreis schreitet, gezeichnet. Dabei blieb es vorerst, und erst viel später, in der englischen Emigration, beteiligte er sich mit sarkastischen und ironischen Blättern am antifaschistischen Kampf. Dazwischen ist viel Spaß, doch auch Spaß mit Hintersinnigkeit. »Bereitsein ist alles!« (Abb. 78) – der Mann auf dem Balkon ist nicht nur ein lustiges Kugelkerlchen, sondern der Spießer, der seine Fahne nach dem Wind hängt, und zugleich ein Kommentar Triers zum Putsch von 1920.[25] »Goliath Armstrong« (Abb. 80) führt auf heitere Weise das filmische Wildwest-Spektakel ad absurdum. Und der »Schlagerkomponist in seiner Vorratskammer« (Abb. 79) trifft durchaus Wesentliches der Unterhaltungs»industrie«. In der Bildwelt Walter Triers wimmelt es von zeitgenössischen Typen. Da sind

78 Walter Trier
Bereitsein ist alles!
Stimme von drinnen: »Rote Fahne raus, Männe, der Putsch ist vorbei!«
Lustige Blätter (1920) 15

---

24 Das große Trier-Buch. Hrsg. Lothar Lang. 3. Aufl. Berlin 1984, darin der einleitende Text von Erich Kästner. LANG, Lothar: Walter Trier, a.a.O. S. 132

25 Gemeint ist der reaktionäre Kapp-Putsch vom März 1920, der die junge Republik zerschlagen sollte. Durch einen machtvollen Generalstreik konnte dieses Vorhaben vereitelt werden.

79 Walter Trier
Der Schlagerkomponist
in seiner Vorratskammer
Man nehme für einen Schlager: 5 Tropfen Sentimentalität, 5 Tropfen Rosenwasser, 7 Tropfen Unschuld mit frischen Veilchen parfümiert, 6 Tropfen Sünde, das Ganze in Flanell gewickelt und mit viel Schmalz heiß gebacken.
Uhu (1931/32) 4

Zeichnung von Walter Trier

Goliath Armstrong (Der typische Wild-West-Film)
Mit der einen Hand schießt er – Mit der anderen trägt er – Mit der dritten, da spießt er – Mit der vierten Hand schlägt er. – Er zertritt mit den Zehen – Was von Feinden noch zuckt, – Wann werden wir sehen – Wie er einen er – spuckt?

80 Walter Trier
Goliath Armstrong
(Der typische Wild-West-Film)
Mit der einen Hand schießt er – Mit der anderen trägt er – Mit der dritten, da spießt er – Mit der vierten Hand schlägt er – Er zertritt mit den Zehen – Was von Feinden noch zuckt, – Wann werden wir sehen – Wie er einen er – spuckt?
Lustige Blätter (1921) 41

die Berliner Gören, der Schupo und die Passanten im Großstadtverkehr, der Leierkastenmann und der Schrebergärtner, die er liebevoll zeichnet. Er macht sich heiter-ironisch über die sogenannten vornehmen Leute her: über die Lebemänner, das Spielklub-Publikum, den Nackttanz-Star oder die Passanten vom Kurfürstendamm. Er treibt seinen Spaß mit den Typen von Film und Theater und schafft viele komische Künstlerporträts. Selbstverständlich hat es ihm der Sport, der in dieser Zeit einen großen Aufschwung erlebt, angetan, und zwar glossiert er den Amateur beim Fußball, Wandern oder Skilaufen. Ein Lieblingsthema der Humorblätter wird auch von Trier bevorzugt: Ferien – der Wunschtraum des Großstädters. Und da können seine Figuren sich tummeln – am Badestrand, im grünen Gras, auf Schusters Rappen. Doch nicht das Treiben im eleganten Weltbad ist gemeint, sondern hauptsächlich der Landurlaub des Durchschnittsbürgers, den er dann humorvoll-genüßlich schildert. Hinsichtlich neuer technischer Errungenschaften läßt Walter Trier seiner Phantasie freien Lauf. Was er da auf dem Papier an wundersamen Autos, Flugzeugen und Eisenbahnen erfindet, bereitet ein ganz eigenes Vergnügen. Daß dieser phantasiebegabte Künstler besonderes Gefallen an der exotischen Welt des Zirkusses und des Rummelplatzes findet, kann nicht überraschen; und dort dominiert für ihn der Clown. Schließlich gibt es kaum einen Humorzeichner in den zwanziger Jahren, in dessen Bildszenen so häufig Tiere die Hauptrolle spielen: vor allem Tiere aus dem Zoo und vom Bauernhof, also diejenigen, denen der Großstädter beim Spaziergang und im Urlaub begegnen kann.

Triers Typen fehlt etwas Mondänes, das viele Zeichner der Humorblätter ihren Figuren gegeben haben. Nicht die elegante Welt beherrscht seine Bilder, nicht das galante Leben. Es ist mehr die Welt des Durchschnittsstädters, die er mit Humor verklärt, die er mit heiterem Witz glossiert, die er liebt. Vielleicht ist ein Vergleich möglich: Wie Heinrich Zille mit tiefem Mitgefühl die Welt des Berliner Arbeiters in seine humorvollen Bildszenen holt, so Walter Trier diejenige des normalen Berliner Bürgers mit ähnlicher Zuneigung in die seinigen. Sicher scheint bei Zille immer etwas von dem bitteren Ernst des Lebens seiner Proletarier durch, und das meint Trier hinsichtlich seiner Bildfiguren nicht. Aber das zeichnerische Werk beider ist eben ausgezeichnet durch die echte Anteilnahme und Verbundenheit mit ihren Gestalten in der Kunst, die sie dem Leben entnommen haben. Nicht zuletzt ist es das, was sie deutlich von vielen anderen Humorzeichnern abhebt.

Es verwundert nicht, daß Triers herausragende Zeichenkunst Nachahmer gefunden hat. Namen wie Hans Ewald Kossatz, F. Wolff, H. Döblin von den »Lustigen Blättern«, auch Ferdinand Barlog und J. Mauder können hier genannt werden. Doch keiner von ihnen hat das Vorbild erreicht, denn Haltung ist nicht nachahmbar.

4 ›DER WAHRE JACOB‹ UND DIE FRAU REPUBLIK

81 Willi Steinert
Szylla und Charybdis
Der Sonne entgegen!
Der Wahre Jacob (1920) 872

Als der »Simplicissimus« zum erstenmal erschienen war, hatte die sozialdemokratische Zeitschrift »Der Wahre Jacob« bereits kampferprobte Jahre hinter sich gehabt. Sie war 1879 in Hamburg gegründet worden. Während des Sozialistengesetzes hatte ihr Erscheinen von 1881 bis 1884 eingestellt werden müssen. Dann war sie durch Johann Heinrich Wilhelm Dietz in Stuttgart, wohin dieser im Auftrage der Partei gegangen war, erneut herausgegeben worden. »Der Wahre Jacob« war von vornherein als ein Publikationsorgan der Sozialdemokratischen Partei gedacht; er vertrat – auch mit seinen Karikaturen – ihre Ziele und die jeweils konkreten Aufgaben und half mit seinen spezifischen Mitteln, sie zu verwirklichen. War der »Simplicissimus« vor 1914 in seiner Wirkung im wesentlichen auf bestimmte demokratische Schichten des Bürgertums beschränkt geblieben, hatte »Der Wahre Jacob« eine breite Massenbasis unter der proletarischen Leserschaft gewinnen können. War der »Simplicissimus« auch in seinen besten Jahren mit seiner Auflage unter 100000 Exemplaren geblieben, hatte »Der Wahre Jacob« bereits unter den bedrückenden Bedingungen des Sozialistengesetzes die 100000 erreicht und sich bis 1912 auf eine Auflage von über 380000 Exemplaren steigern können. Keine andere satirische Zeitschrift fand damals eine derartige Verbreitung.[26]

Zu den meistbeschäftigten und populärsten Zeichnern des »Wahren Jacob« zählten vor 1914 Hans Gabriel Jentzsch und der Italiener Gabriele Galantara, der viele Jahre mit Rata Langa signierte. Zu ihnen waren u.a. Emil Erk, Willi Lehmann, Otto Marcus und später A. Mrawek getreten. Vom linksbürgerlichen Berliner »Narrenschiff« kommend, hatten sich nach 1900 Edmund Edel und Maximilian Vanselow zu ihnen gesellt. Vielfach richteten sich ihre karikaturistischen Attacken gegen dieselben Ziele, die auch die Zeichner des linksliberalen »Simplicissimus« anvisierten. Das schätzte auch »Der Wahre Jacob« so ein, wenn er mehrmals Karikaturen veröffentlichte, die ihn in einer Front gegen den Klerikalismus zusammen mit dem »Simplicissimus«, der »Jugend«, den »Lustigen Blättern« und dem »Ulk« zeigten. Selbstverständlich äußerten sich auch Karikaturisten des »Wahren Jacob« entschieden gegen den Militarismus, richteten scharfen Witz gegen die reaktionären Junker, karikierten den brutalen Gendarmen als Werkzeug der herrschenden Klasse, entlarvten die »Doppelgesichtigkeit« des kaiserlichen Reiches. Doch gingen sie – anders als die Künstler der liberalen Blätter – darüber weit hinaus, wenn sie immer wieder zentrale politische Auffassungen der Arbeiterklasse durch die bildliche Interpretation verdeutlichten. Die in der Bedeutungsperspektive das Bild beherrschende, zeitgeschichtlich konkrete Gestalt des Arbeiters wurde zu einem karikaturistischen Leittyp, der die ungebrochene, ständig zunehmende herrliche Siegeszuversicht des Proletariats allegorisierte. Kraft- und lichtvolle Frauengestalten führten in den Bildszenen unübersehbare Arbeiterscharen vorwärts, deren hehre Ziele der Menschheitsbefreiung symbolisierend. Tradierte Sinnbilder und Allegorien wurden in neue Beziehungen gesetzt. Die Germania war nicht mehr trutziges Wahrzeichen nationalistischen Großmannstums, sondern Verkörperung des Vaterlandes der Werktätigen. Simson wurde zum Mann des Umsturzes umfunktioniert. Freiheitsgöttinnen standen nicht mehr für ein diffuses Ideal, sondern erschienen als Leitfiguren der revolutionären Massen, damit sicher aus der Tradition von Daumier und Delacroix kommend.

Es darf allerdings auch nicht übersehen werden, daß seit Ende des vorigen Jahrhunderts der Revisionismus in der deutschen Sozialdemokratie um

82 A. Sigr.
Die Drachentöter
Mit vereinter Kraft
Wird das Werk geschafft.
Der Wahre Jacob (1920) 879

---

26 Vgl. DRAHN, Ernst: Sozialistische Witzblätter in Deutschland. In: Zeitungswissenschaft. 6. (1931). S. 278; Der Wahre Jacob. Ein halbes Jahrhundert in Faksimiles. Hrsg. Hans J. Schütz. Berlin (West), Bonn, Bad Godesberg 1977. S. IX

sich gegriffen hatte, was selbstverständlich nicht ohne Auswirkung auf den »Wahren Jacob« geblieben war. So erschienen immer häufiger Zeichnungen und Karikaturen, die den parlamentarischen Weg zum Sieg feierten und verabsolutierten. Die kritischen Angriffe richteten sich weniger gegen das Monopolkapital, obwohl es zu dieser Zeit bereits die entscheidende Macht in Deutschland geworden war, als vielmehr gegen Junkertum und Klerikalismus. Diese Richtung führte 1914 dazu, daß auch »Der Wahre Jacob« von einem Tag zum anderen zu denjenigen überwechselte, die den imperialistischen Krieg, den Deutschland führte, zu einem nationalen Verteidigungskrieg ummünzen wollten.

So mußte sich hier ebenfalls die Frage stellen, wie »Der Wahre Jacob« mitsamt seinen Zeichnern auf die veränderten Nachkriegsbedingungen reagieren würde. Anders als der »Simplicissimus« sah er sich außerdem in die für ihn völlig neuartige Lage versetzt, daß seine Partei zunächst einmal

83 Otto Marcus
Germania und die Arbeiter
Der Menschheit Würde ist in eure Hand gegeben,
Bewahret sie!
Sie sinkt mit euch, mit euch wird sie sich heben. (Schiller)
Der Wahre Jacob (1920) 880, Beilage

84 Georg Kretzschmar
Der neue Diogenes
»Michel, was suchst du?«
»Die europäische Vernunft.«
Der Wahre Jacob (1923) 965

zur staatstragenden politischen Kraft geworden war, die allerdings Kontinuität insofern wahrte, als sie bei ihren revisionistischen Vorstellungen blieb, die sie nun in Regierungspolitik umzusetzen suchte. Die Zeichner des »Wahren Jacob« traten also zum Lobpreis der neuen Republik an – die Republik als stolzes Segelschiff, das, allen Gefahren trotzend, zielstrebig aufs offene Meer hinaus-, der Sonne entgegenfährt (Abb. 81), oder die Republik als feste Burg, die von den Arbeitern gegen die Macht des Gestern erfolgreich verteidigt wird (Abb. 82). Tradierte Symbolik, bereits in der Vorkriegszeit vielfach verwendet, wurde zunächst weiterhin eingesetzt. Aus der Zwingburg des Kapitals wurde nun jedoch die Festung »Deutsche Republik«. »Germania und die Arbeiter« (Abb. 83) ist ebenso aus der konkreten Situation nach der Niederschlagung des Kapp-Putsches zu verstehen, als die einige Arbeiterklasse tatsächlich diesen großartigen Sieg errungen hatte. Im Vergleich zum »Simplicissimus« ist interessant, daß die Gestalt der

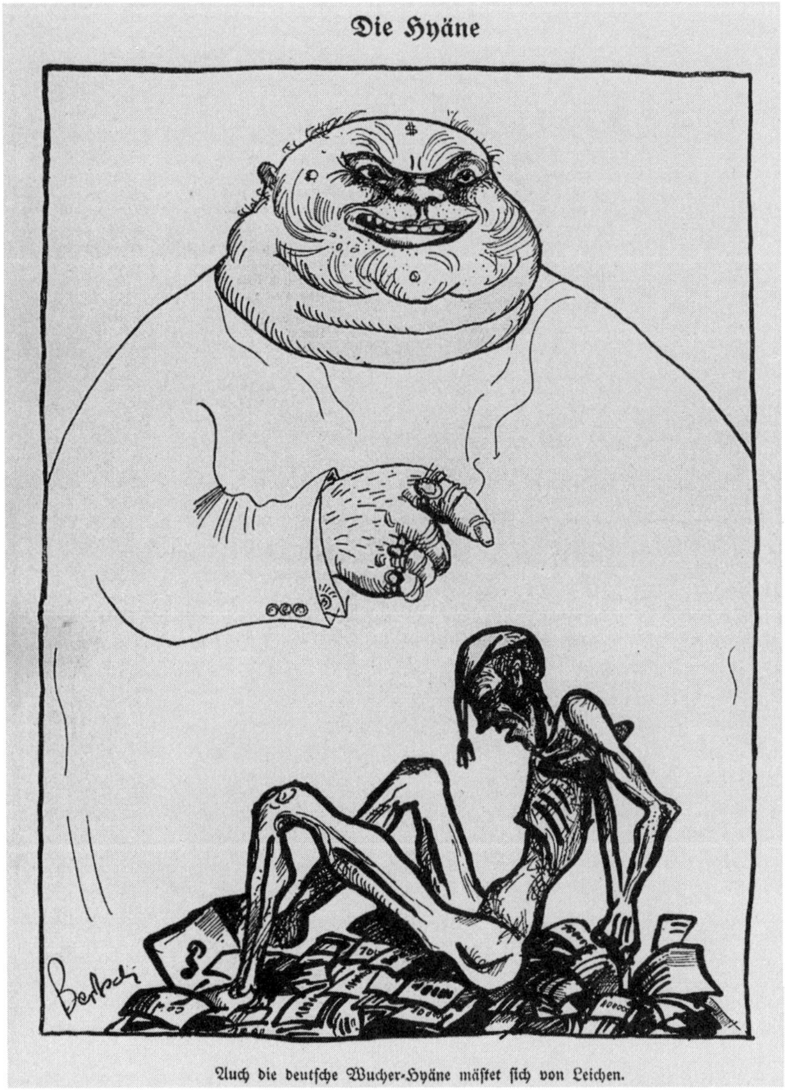

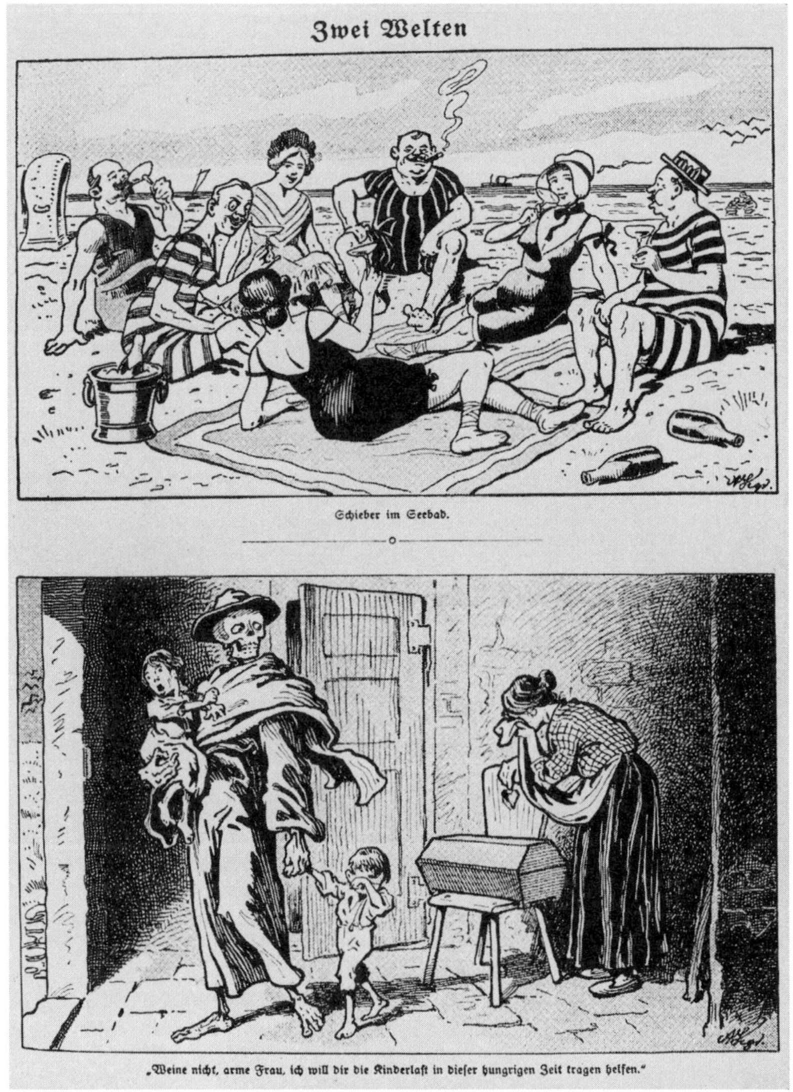

Germania im Gebrauch blieb. Da sie in den Bildern des »Wahren Jacob« jedoch bereits vor 1914 auf das werktätige Volk bezogen worden war, konnte sie nun, da man vorgab, mit der Weimarer Republik einen Volksstaat geschaffen zu haben, in den sozialdemokratischen Karikaturen durchaus weiter gebraucht werden und für die Republik stehen. Die Typ-Figur des deutschen Michel dagegen wurde – ähnlich wie in den Karikaturen des »Simplicissimus« – nicht als Träger von Zukunftsoptimismus gedeutet (Abb. 84, 85), sondern symbolisierte die Nöte des Volkes, insbesondere als sich in der Inflationszeit dessen soziale Lage bis zum äußersten verschärfte. Die in einem Falle vorgenommene Verquickung mit der Gestalt des antiken Philosophen Diogenes (Abb. 84) verlieh dem Blatt zwar eine weite gedankliche Dimension, nahm ihm zugleich jedoch von der sozialen Konkretheit.

85 (Karl?) Bertsch
Die Hyäne
Auch die deutsche Wucher-Hyäne mästet sich von Leichen.
Der Wahre Jacob (1923) 969

86 A. Sigr.
Zwei Welten
Schieber im Seebad.
»Weine nicht, arme Frau, ich will dir die Kinderlast in dieser hungrigen Zeit tragen helfen.«
Der Wahre Jacob (1921) 917, Beilage

Der Drache als Figuration des Bösen war seit langem vertraute Bildvorstellung, und seine Kennzeichnung mit dem Pickelhelm – in der Vorkriegskarikatur oft verwendetes Sinnbild des deutschen Militarismus – sollte nun darauf verweisen, daß sich hier die monarchische Reaktion wieder aufmachen wollte. Ekelhaftes Getier als Bildzeichen zeigte in eine ähnliche Richtung – Ausgeburten der geistigen Finsternis. Das widerliche Gespenst mit dem Dollarzeichen auf der Stirn und dem Schmuck des Neureichen ist dem Typ des Kriegsgewinnlers und Schiebers, wie er im »Simplicissimus« vorkam, verwandt. Interessant ist, daß der Tod als Freund der Armen interpretiert wurde (Abb. 86), während die Gegenüberstellung der Tragik der Armen mit dem Wohlleben der Reichen auch in den Karikaturen anderer Zeitschriften vorgenommen wurde.

Im Oktober 1923 stellte dann »Der Wahre Jacob« sein Erscheinen – bedingt durch die Inflation – ein.

87 Heinrich Zille
In der Kaschemme
Der Wirt: »Achtung, Kinder! Die Polente kommt – singt een frommet Lied!« Alle: »... Hakenkreuz am Stahlhelm, Schwarzweißrotes Band ...«
Lachen links (1924) 39

88 Hermann Abeking
Ehrt Eure deutschen Meister!
Die Deputation: »Wir kommen im Auftrage der Reichsregierung, die es für ihre Ehrenpflicht erachtet, Ihnen als hervorragendem Vertreter der deutschen Dichtkunst ihre tiefgefühlte Anteilnahme zu Ihrer Notlage auszusprechen. Unterstützungsmittel für Dichter sieht der Etat nicht vor. ..«
Lachen links (1924) 6

89 M(aria?) Braun
Des Spießers Lektüre
»Wovon reden die Sozialisten immer? Von der Unkultur des Bürgertums? Ja, wo ist sie denn, Kruzitürken?«
Lachen links (1924) 45

Er konnte nicht wie der »Simplicissimus« ein fast komplettes Team von Zeichnern aus der Vorkriegszeit übernehmen, und bevor er sein Nachkriegs»gesicht« richtig auszuprägen vermochte, hatte ihm die Inflation bereits den Garaus bereitet.

90 Karl Holtz
Der Sieg der Unpolitischen
Das traute deutsche Heim hat Hindenburg gewählt ...
Lachen links (1925) 19

Doch an seine Stelle trat sehr schnell »Lachen links« mit dem doch bezeichnenden Untertitel »Das republikanische Witzblatt«. Diese Zeitschrift erschien seit Januar 1924; ab Jahresmitte 1927 trug sie wieder den Titel »Der Wahre Jacob«. Nun erst gewann sie – auch im Karikaturenteil – ihr Gepräge der zwanziger Jahre. Sie scharte sehr bald einen Kreis von Zeichnern um sich, der für ein reiches bildliches Profil sorgte. Dazu gehörten vor allem Karl Holtz, Alois Florath, Herbert Anger, Hans Baluschek, Heinrich Zille, Willi Steinert, Willibald Krain.

Von diesen Künstlern erwies sich Karl Holtz als der produktivste. Er brachte in die Karikaturenszene der Weimarer Republik einen ganz eigenartigen, unverkennbar persönlichen Stil ein, der eine beachtliche Bereicherung bedeutete. Karl Holtz gehörte einer neuen Generation von Karikaturisten an. Seine Ausbildung erhielt er zwischen 1914 und 1919; seine erste Karikatur war 1916 erschienen. Bevor er ab 1924 einer der wichtigsten Zeichner von »Lachen links« wurde, hatte er bereits bei einigen linksgerichteten Zeitschriften mitgearbeitet. Ende der zwanziger Jahre und in den beginnenden dreißiger Jahren war er dann mit wesentlichen Bildbeiträgen auch im »Eulenspiegel« und vor allem in der »Ente« vertreten.[27] Mit treffsicheren Bildideen, scharfem Sarkasmus und bitterer Ironie richtete er seine karikaturistischen Attacken gegen den nationalistischen Spießer und kriechenden Untertanen[28] (Abb. 90), gegen den fememordenden Stahlhelm und die »rechtsäugigen« Juristen (Abb. 91), gegen kriegshetzende Deutschnationale, nach links knüppelnde Polizisten, die Verfassung zerreißende Konservative. Hart griff er den politischen Mißbrauch der Religion durch die Klerikalen an[29] (Abb. 93). Und schließlich gehörte Karl Holtz zu denjenigen Zeichnern, die am häufigsten das Barbarentum der Faschisten entlarvten (Abb. 94). Ähnlich wie Karl Arnold reagierte er sehr empfindlich auf die soziale Ungerechtigkeit in der Weimarer Republik, nur daß er sein Urteil schärfer visualisierte als jener (Abb. 92). Er besaß eine sehr eindringliche Beobachtungsgabe, studierte eingehend die Umstände und entwickelte einen Stil, der das von ihm Erfahrene prägnant vor Augen führte. Einerseits war er der Schilderer eines jeweils charakteristischen Milieus, das er – dem sozialen und psychischen Habitus seiner Gestalten entsprechend – um diese herum entwarf. Figur und Milieu wurden dabei zu einer untrennbaren, sich gegenseitig bedingenden Einheit. Gerade hier zeigt sich sein Stil am deutlichsten: Es stimmt jedes Detail in diesen einerseits reich fabulierten, andererseits sachlich »unterkühlten« Bildräumen. Die Dinge und Gestalten, obwohl sinnvoll aufeinander bezogen, haben eine Leere zwischen sich, die sie zugleich isoliert erscheinen läßt. Karl Holtz erzielt auf diese Weise einen nachdrücklichen Verfremdungseffekt – etwas Surreales, Spukhaftes lauert in diesen Szenen. Einmal wird man bei ihm an die sezierende Schärfe der Veristen erinnert, dann wieder mit der Leblosigkeit der Figuren und der Starrheit der Räume an Werke der Neusachlichen. Diese Stilelemente lassen sich auch bei seinen großfigurigen, nur auf eine oder wenige Gestalten konzentrierten Blättern nachweisen. Sichtbar wird ebenso, daß malerische und graphische Elemente nebeneinander eingesetzt werden. Die scheinbare Plastizität der Figuren und die vorgetäuschte Tiefe der Räume sind tatsächlich fest in die Fläche

---

27 Vgl. SCHÜTTE, Wolfgang U.: Karl Holtz (Klassiker der Karikatur 21). Berlin 1983

28 Diese Karikatur ist ein Reflex des Sieges Hindenburgs bei der Reichspräsidentenwahl 1925.

29 1927 wurde von der Bürgerblockregierung unter Reichskanzler Marx ein Reichsschulgesetzentwurf eingebracht, der die völlige Konfessionalisierung der Volksschule zum Inhalt hatte.

91 Karl Holtz
Sehr richtig . . .!
»Unsere Objektivität ist über allen Zweifel erhaben. Erst die politische Betrachtung macht unsere Erkenntnisse zu politischen Tendenzurteilen!«
Der Wahre Jacob (1928) 1

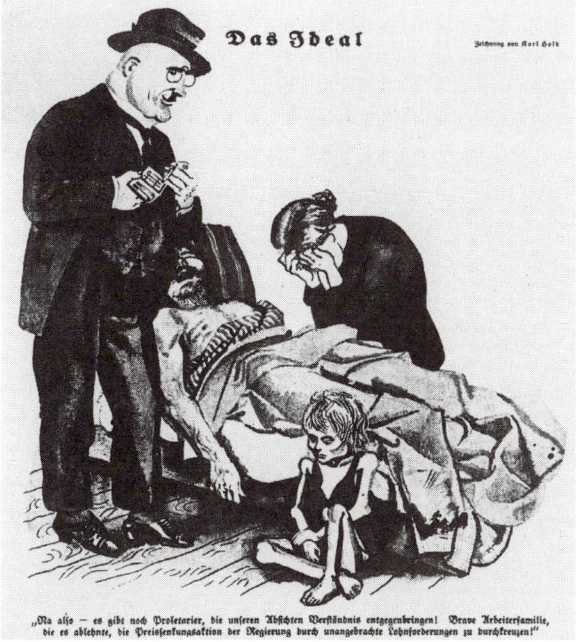

92 Karl Holtz
Das Ideal
»Na also – es gibt noch Proletarier, die unseren Absichten Verständnis entgegenbringen! Brave Arbeiterfamilie, die es ablehnte, die Preissenkungsaktion der Regierung durch unangebrachte Lohnforderungen zu durchkreuzen!«
Lachen links (1925) 37

93 Karl Holtz
Vom Sinn des Reichsschulgesetztes
»Sieh da, der Jesus, was machen Sie denn da?« »Ich lehre die Kinder Menschenliebe und Brüderlichkeit.« »Ach Quatsch! Merken Sie sich: für die Katz ist jeder Religionsunterricht, der nicht aus den Gören zuverlässige Zentrumswähler macht!«
Der Wahre Jacob (1927) 5

Aus einer völkischen Rede

Zeichnung von Karl Holtz

„Wir tragen den Gral der germanischen Kulturwerte in unseren Händen, Sie dämlicher Hund Sie! Wissen Sie, was es bedeuten will, wenn wir das Volk zu den lichten Höhen des sittlichen Ernstes führen, Sie Ochse Sie? Sie werden das Ideal der Lebensläuterung begreifen lernen, wenn wir Ihnen die völkische Faust in die Fresse setzen!"

94 Karl Holtz
Aus einer völkischen Rede
»Wir tragen den Gral der germanischen Kulturwerte in unseren Händen, Sie dämlicher Hund Sie! Wissen Sie, was es bedeuten will, wenn wir das Volk zu den lichten Höhen des sittlichen Ernstes führen, Sie Ochse Sie? Sie werden das Ideal der Lebensläuterung begreifen lernen, wenn wir Ihnen die völkische Faust in die Fresse setzen!«
Der Wahre Jacob (1930) 14

95 Karl Holtz
Kriegsbücher
»... Auch mein Buch ist mit Herzblut geschrieben ...«
Lachen links (1924) 15

96 Karl Holtz
Der neue Fabrik-Stil
Gewisse Fortschritte macht unsere Bourgeoisie doch. Die Ausbeutung vollzieht sich jetzt in ästhetischen Formen.
Der Wahre Jacob (1927) 9

97 Willibald Krain
Der cand. phil. als Chauffeur
»Wir bleiben nur etwa zwei Stunden im Lokal, warten Sie also mit dem Wagen, Müller! Sie können ja inzwischen an meiner Doktorarbeit weiterbauen!«
Der Wahre Jacob (1929) 1

98 Willibald Krain
Das Gesetz gegen Schmutz und Schund
»Was Kunst, was Schund! Beide Frauenzimmer kommen an die Kette!«
Lachen links (1926) 40

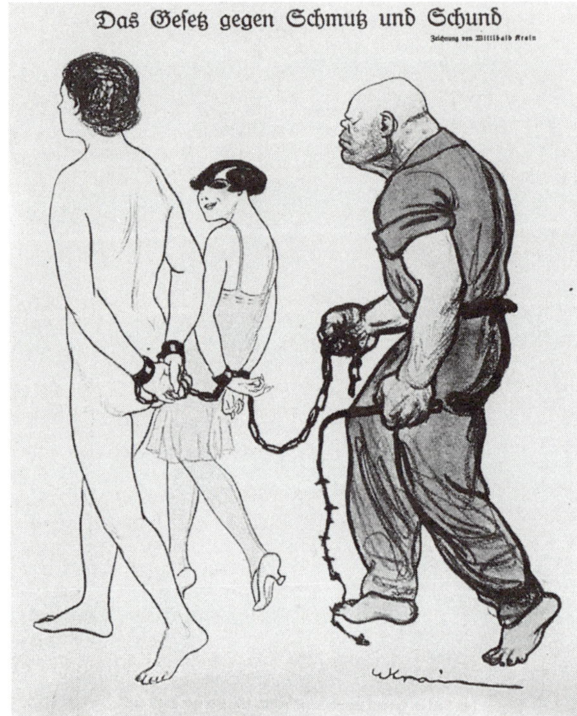

99 Willibald Krain
Wettrüsten
Der Tod: »Nur nicht drängeln, meine Herrschaften! Diese Höhe zu erklimmen, helfe ich jedem! Fragen Sie Deutschland!«
Der Wahre Jacob (1927) 8

gespannt. Sachlichkeit und Freude am ornamentalen Spiel korrespondieren miteinander. Es ist ein in sich dialektisch widersprüchlicher Stil, der auf ganz persönlich geprägte Weise die Spannungen und Turbulenzen der Weimarer Jahre ironisch reflektiert. Das machen auf ganz besondere Art auch die kleinteiligen vielfigurigen Massenszenen deutlich. Die so oft im modernen Großstadtleben beobachtete Dynamik der Massen wird in der Bildszene zu einem scheinbar lustigen Figurenornament arrangiert, das zwar auch immer wieder als humorvolle Inszenierung funktioniert, in anderen Beispielen jedoch durch fast versteckt eingebaute Figuren oder durch den Kontrast zum Text in seiner Wirkung umschlägt in satirischen Ernst. Das heitere graphische Spiel mit den flächigen, durch gerundete Linien umschriebenen Figürchen steckt dann voll von tiefem kritischen Hintersinn.

Während Karl Holtz sich mit seiner Gestaltungsweise unter den Zeichnern von »Lachen links« und »Der Wahre Jacob« abhob, standen andere dort einander stilistisch näher. Willibald Krain – in den letzten Jahren vor 1914 bereits hin und wieder im »Wahren Jacob« vertreten – 1919/20 am »Revolutionsalmanach« und am »Reaktionsalmanach« beteiligt – engagierte sich zeichnerisch insbesondere für soziale Probleme: Die Bedrängnisse der Arbeitslosen und Ausgebeuteten (Abb. 97, 100) sowie die Kindernot waren für ihn wesentliche Themen. Aber auch zur Rüstung (Abb. 99) äußerte er sich und griff gern auf die Kulturszene zurück[30] (Abb. 98). Krain bevorzugte einen malerischen Stil ohne scharfe Kontraste und harte Konturen, mit weichen Übergängen und relativ zurückhaltenden Farben, der natürlich graphisch keine Aggressivität ausstrahlte. Die kritische Pointe wurde oft vorrangig durch den Text erzielt. Dort, wo er zu einer verdichteten Bildvorstellung kam, wie bei dem Blatt »Schnaps« (Abb. 100) mit dem Heranholen an den Betrachter und der komprimierten Gegenüberstellung der Gestalten, gelangte er nachdrücklicher zu kritischer Aussage. Der Reiz anderer Zeichnungen lag mehr in den Andeutungen fast versteckter Motive wie beim Blatt »Die Revue« (Abb. 118): oberflächlich gesehen ist es eine galante Theaterlogenszene, bildlich deuten lediglich die Freiheitsmütze der Dame und die Tschakos der Girlreihe auf einen Sinnzusammenhang, der durch den Untertext erhellt wird. Bezeichnend ist, daß die in der Rüstungsfrage bezogene Position insofern der im »Simplicissimus« ähnelt, als sie auf die Aufrüstung anderer Mächte verwies; davon hob sich allerdings ab, daß die Gefahr der Selbstvernichtung angesprochen und Deutschland als ein historisch mahnendes Beispiel angeführt wurde (Abb. 99). Wiederholt bezeichnete Willibald Krain bildlich die Gefahren, die der jungen Republik drohten. Er sah sie im Mann der Wirtschaftsmacht, im »Geldsack«, brachte gerade in diesem Zusammenhang allerdings die Zuversicht zum Ausdruck, daß die Republik siegen würde, indem er ihre Gestalt bedeutungsperspektivisch überhöhte. Anders interpretierte er die Last, die seiner Meinung nach gleichermaßen durch Faschismus und Kommunismus auf der Republik läge; hier sah er keine Lösungsmöglichkeit. Erst 1932 wurden die tatsächlichen Fronten in seinem Titelblatt der Nummer 15 des »Wahren Jacob« benannt: mit dem Motiv einer Mauer riesiger geballter Fäuste, die machtvoll drohend vor den kleinen Figuren der Reaktion emporragen, rief auch er zu antifaschistischer Aktion auf.

Zu den meistbeschäftigten Künstlern des »Wahren Jacob« gehörte Willi Steinert, der auch für den »Ulk« arbeitete. Während Karl Holtz besonders seit 1924 einen wesentlichen Anteil an den Karikaturen der sozialdemokratischen Blätter hatte und Willibald Krain vor allem seit der Neugründung

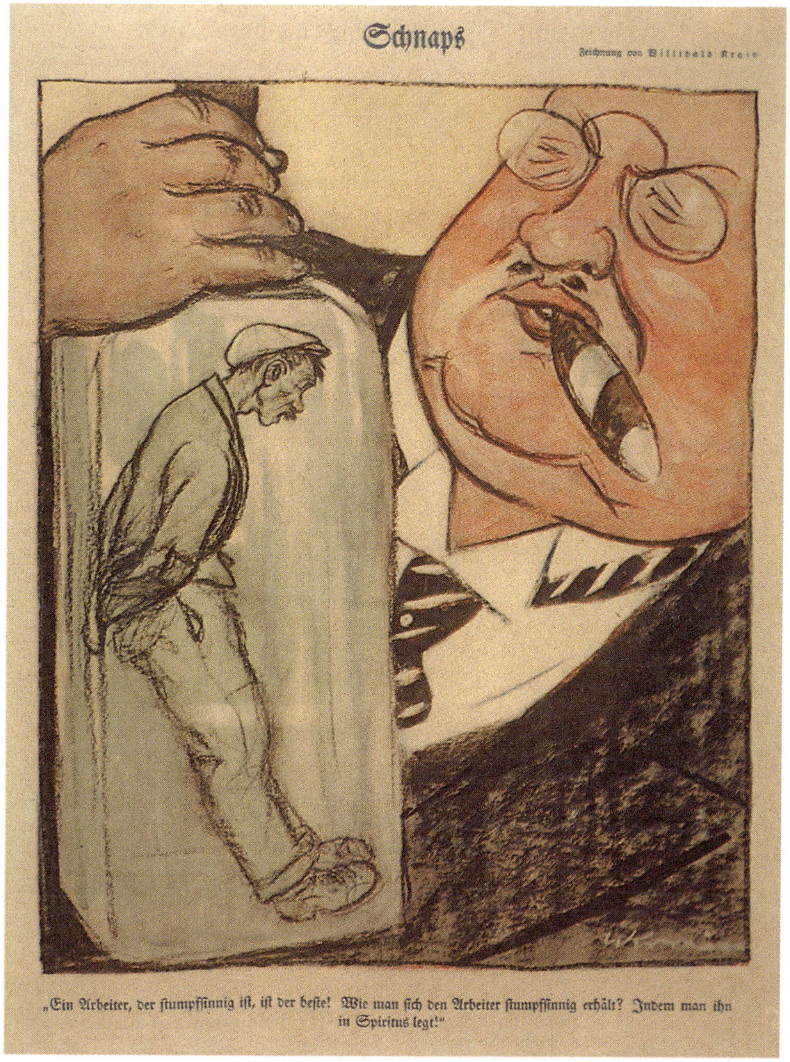

100 Willibald Krain
Schnaps
»Ein Arbeiter, der stumpfsinnig ist, ist der beste! Wie man sich den Arbeiter stumpfsinnig erhält? Indem man ihn in Spiritus legt!«
Der Wahre Jacob (1928) 16

---

30 Im Dezember 1926 nahm der Reichstag das Gesetz gegen Schmutz und Schund an, dessen Anwendung vielfach zur Zensur fortschrittlicher Literatur und Kunst führte.

101 Willi Steinert
Weltgedanke und Weltpöbel
»... und flochten eine Dornenkrone und setzten sie auf sein Haupt und spotteten sein und spien ihn an ...«
Lachen links (1926) 14

103 Willi Steinert
Wer ist der beste Republikaner?
Der beste Republikaner ist der Kapitalist. Er macht die Sache seiner Mitmenschen zu seiner eigenen.
Der Wahre Jacob (1928) 15

102 Willi Steinert
Revolutions-Erinnerung
»Ach Revolutionen haben ihr Gutes, Herr Direktor! Nie hat mir der Kaviar so geschmeckt, wie damals anno 18, als es eine Kunst war, ihn aus Rußland heranzukriegen!«
Der Wahre Jacob (1928) 23

104 Willi Steinert
Eine alpine Merkwürdigkeit
Der einzige Berg Deutschlands, der, wenn man ihn besteigt, nur ein niedriges Niveau zu bieten vermag und keinerlei Horizonte eröffnet, heißt der Hugenberg!
Der Wahre Jacob (1929) 2

105 Willi Steinert
Dem deutschen Richter
Armes Deutschland!
Lachen links (1926) 19

des »Wahren Jacob« im Jahre 1927, nahmen Willi Steinerts Zeichnungen dort in der gesamten Zeit der Weimarer Republik einen respektablen Raum ein. Die von ihm hauptsächlich gebrauchten karikaturistischen Typen waren der Arbeiter, der Kapitalist, die Allegorie der Republik, der deutsche Michel, dann auch der Agrarier, der Pfaffe, der Völkische bzw. der SA-Mann und der Kommunist. Diese Typen setzte er in einem breiten Themenfeld ein. Willi Steinert war ein ausgesprochen politischer Karikaturist, der auch soziale Probleme unter betont politischen Aspekten interpretierte. Weg und Wesen der ersten deutschen Republik beschäftigten ihn sehr, und er erhob mit seinen Karikaturen immer wieder die Frage, in welchem Verhältnis die in ihr wirkenden Kräfte zu dieser Republik stünden (Abb. 102, 103). Sie war in seiner Vorstellungswelt eine hehre Gestalt, getragen von den Arbeitern, aber schamlos für gewinnträchtige Geschäfte ausgenutzt von den Kapitalisten zu ungunsten der Arbeiter. Sehr charakteristisch ist dafür die Bilderfolge, die Willi Steinert 1928 zum 10. Jahrestag der Novemberrevolution in der Nummer 23 des »Wahren Jacob« veröffentlichte: 1918 nimmt die Republik bei schlechtem Wetter die Arbeiter schützend unter ihren Regenschirm; 1928 hält der Kapitalist den Schirm und beschützt sich damit, während die Republik und die Arbeiter im Regen daneben stehen! Über die Problematik einer derartigen Bestimmung des Charakters der Weimarer Republik wird noch zu reden sein. Im Vergleich zum Beispiel zur kritischen Auffassung der »Simplicissimus«-Zeichner von diesem Staatsgebilde als einem Wust egoistischer Parteiinteressen wurde hier jedoch stets eine grundsätzlich positive Wertung vorgenommen, in die die Gestalt des Arbeiters im allgemeinen mit einbezogen wurde – mit Ausnahme des Kommunisten. In den späten zwanziger Jahren formulierte Willi Steinert allerdings einmal (1928, Nr. 21) eine seltsame Schuldfrage mittels eines Titelblattes: Der Arbeiter erkennt als Ergebnis seines Schuftens in Deutschland nur einen Haufen Profitsäcke. Darauf richtet die Republik – eine junge Frau mit der Freiheitsmütze – an ihn die Frage, wann er anfangen wolle, wirkliche Arbeit zu leisten. Man wundert sich, warum diese Frage nicht an diejenigen in der deutschen Sozialdemokratie gerichtet wurde, die für sich beanspruchten, die Arbeiter zu führen, und man wundert sich ebenso, daß Willi Steinert wenig später (1929, Nr. 11) den Parlamentarismus in Bildern verherrlichte als etwas, auf dessen Boden der Goldbaum immer kleiner und derjenige mit den roten Herzen immer größer würde.

106 Willi Steinert
Vom deutschen Michel
Der Agrarier: »Er schläft. Da kann ich ihn ungestört ausplündern!«
Der Pfaffe: »Er schläft. Da kann ich mich ungestört seiner Kinder bemächtigen!«
Der Völkische: »Er schläft. Da kann ich ihn ungestört mit dieser Nadel ins Gesäß piecken!«
»... Hihi, ich schlafe gar nicht! Ich tue bloß so! Weil ich nun mal nichts mit Politik zu tun haben will!«
Der Wahre Jacob (1927) 5

Auch schutzzollgierige Agrarier, auf die Konfessionsschule und damit auf die geistige Bevormundung versessene klerikalistische Pfaffen, schießwütige SA-»Helden«, mit dem Kopf durch die Wand wollende Kommunisten galten ihm als Feinde der Republik. In besonderem Maße sah er sie in den »schwarz-weiß-roten« Richtern, die die republikanischen Gerichte beherrschten. Doch auch hier der Hinweis, daß sich der deutsche Michel, der unpolitisch sein wollte, so etwas gefallen lasse (Abb. 106). In die Auseinandersetzung mit den Nationalsozialisten zu Beginn der dreißiger Jahre, als die faschistische Gefahr immer vorrangiger wurde, schaltete sich Willi Steinert mit mehreren prägnanten Blättern ein, die die Verlogenheit der faschistischen sozialen Demagogie treffend entlarvten: Wie die Nazis das Privateigentum aufheben – zwei SA-Leute tragen einen Kapitalisten (1931, Nr. 2); zwei Arbeitslose vor einem Plakat, das Brot nur durch Hitler verspricht, dazu die Unterschrift: »Das ist falsch ausgedrückt. Der Sinn ist: Hitler wird uns etwas einbrocken, was das gesamte Proletariat auszulöffeln hat.« (1932, Nr. 10). Ein Vergleich mit Karl Arnolds berühmtem Blatt »Rechtsum, links schwenkt marsch!« (Abb. 7) beweist, daß Willi Steinert das Wesentliche des Faschismus zu dieser Zeit weitaus genauer zu erfassen vermochte als der »Simplicissimus«-Künstler.

Willi Steinert fand mit seinem zupackenden Stil Anklang. Er stand Willibald Krain zwar stilistisch nahe, umriß seine Gestalten jedoch kraft- und schwungvoller, mit festerem Kontur als dieser. Deshalb geht von ihnen eine größere Wucht aus, wird ihre Aussage nachdrücklicher visualisiert. Er bevorzugte demzufolge auch die bildbeherrschende Figur, die er im allgemeinen relativ wenig verzerrte, die er allerdings in ihrem Habitus sowie in ihrer Physiognomik und Gestik sozialtypisch eindeutig charakterisierte. Mitunter steigerte er den Eindruck zur agitatorischen Eindringlichkeit des Plakathaften. Seine Typen waren eingängig, seine Allegorien und Symbole geläufig, denn sie waren noch in der Tradition des »Wahren Jacob« der Vorkriegszeit verwurzelt.

Herbert Anger und Alois Florath steuerten ihre Karikaturen vor allem zu »Lachen links« bei. Herbert Anger neigte dazu, seine Blätter konsequent flächig zu gestalten: »hochgeklappte« Perspektive, ein Übereinander statt ein Hintereinander der Bildschichten; darin waren die Figuren eingespannt bei weitgehendem Verzicht auf plastische Illusion, umrissen von festem doch feinem Kontur. Der klare Bildaufbau resultierte ebenso aus dem kontrastvollen Nebeneinander heller und dunkler, intensiv und gering farbiger Flächen. Teilweise entsteht der Eindruck einer montagehaften Komposition. Von diesem Zeichenstil ging durchaus eine packende Wirkung aus. Und so machte er sie in seinen Szenen fest – die Kapitalgewaltigen als Kriegs- und Inflationsgewinnler (Abb. 107), als amoralische Profiteure (Abb. 114) und reaktionäre Hintermänner der Schwarzen Reichswehr. Er zeichnete den feisten Machtbürger und als sein Gegenteil den ausgemergelten Proletarier (nicht jedoch den kämpfenden Arbeiter), vor allem den Arbeitslosen in seiner Not. Er attackierte die nach rechts ausgerichtete Justiz und die ausbeuterischen Praktiken der Unternehmer. Alois Floraths Zeichenweise hatte im Vergleich zu der eines Herbert Angers doch etwas Ornamentales, teilweise auch Skurriles und nervös Vibrierendes. Er benutzte sie, um mit hintergründiger Ironie »schwarz-weiß-rote« Reaktionäre (Abb. 109, 115) und neureiche Schieber bloßzustellen. Ebenso nahm er nationalistische Spießer aufs Korn. Auch reizten ihn die intellektualistische Gespreiztheit (Abb. 108, 110) und der kulturelle Dünkel.

Jacobus Belsen arbeitete für den »Wahren Jacob« der späten zwanziger und frühen dreißiger Jahre. Er interpretierte das Verhältnis von Kapital und Arbeit mit Schärfe, Hohn und Ironie, dabei immer Partei für den Arbeiter ergreifend. Charakteristisch ist dafür unter anderem die Zeichnung »Zwei Welten« (1927, Nr. 4), die die Internationale des Kapitals derjenigen der Arbeit entgegengesetzt: erstere dargestellt als Riesenschlange, die die Welt erdrückt; letztere durch eine Szene, in der die Freiheit die Erde mit den Zeichen der Arbeit umspannt. Einem Blatt mit einem Kapitalisten, der einen schweren Dividendensack schleppt, ist die ironische Unterschrift beigegeben: »Die Industrie kann unmöglich noch andere Lasten tragen!« (1929, Nr. 15). Die Frage, warum es so schwer sei, Arbeit zu beschaffen, beantwortete Jacobus Belsen mit einer Zeichnung, auf der ein Arbeiter einem Kapitalisten Geld in den Tresor schaufelt, und benannte auf diese Weise das kapitalistische Profitstreben als Ursache für die Arbeitslosigkeit (1933, Nr. 6). Aber auch er vertrat die Position, daß die ganz linken und die ganz rechten Kräfte auf eine Stufe zu stellen seien und verspottete die Entwicklung in der Sowjetunion. Die Bildidee, die nationalsozialistische Demagogie durch die zwei Seiten ihrer Firmierung aufzudecken (Abb. 111), hatte er bereits vor Karl Arnold (Abb. 7).

107 Herbert Anger
Die Bude dicht . . .
»Es tut mir leid, ich habe jetzt keine Arbeit. Ich muß erst meine Profite aus der Inflationszeit richtig verdauen!«
Lachen links (1924) 32

108 Alois Florath
Die Intellektuellen
»Sehen Sie, wenn die moderne Skulptur von allen verstanden werden würde, wo bliebe dann unser Genuß am Unverständnis der Massen?«
Lachen links (1925) 4

109 Alois Florath
Aus der Mörderzentrale
»Meine Herren! Schwarz ist die Farbe unserer Pläne, weiß ist die Farbe unserer Westen, rot ist das Blut unserer Opfer – Sie sehen also, daß Schwarzweißrot die wahren deutsch-völkischen Farben sind.«
Der Wahre Jacob (1922) 940, Beilage

110 Alois Florath
Naturphilosophie
»Der Wandervogel ist ein Teil der ewigen Naturschönheit, bestimmt, diese zum Bewußtsein ihrer selbst zu erwecken.«
Lachen links (1926) 17

111 Jacobus Belsen
Das Firmenschild
Vor den Proleten und vor den zahlungsfähigen Kreisen!
Der Wahre Jacob (1931) 4

Die Karikaturisten der Zeitschriften »Der Wahre Jacob« und »Lachen links« nutzten häufig die Möglichkeiten der Bedeutungsperspektive im Bild, um ihren Blättern eine agitatorische Ausdrucksstärke zu geben. Sie setzten sie sowohl für aus ihrer Sicht positive als auch für negative Typen oder Symbole ein; einerseits um die Kraft und Ausstrahlung der Leitfiguren zu dokumentieren, andererseits um das Gefährliche der Gegner, um Bedrohung und Kontraste zu visualisieren. Das hatte in der Bildwelt der sozialdemokratischen Karikatur bereits in der Vorkriegszeit eine lange Tradition. Zu den großen bildbeherrschenden Leitfiguren gehörte vor allem die Gestalt des kraftvollen Arbeiters mit dem gewaltigen Hammer, nicht karikaturistisch verzerrt, eine hehre Erscheinung, die Optimismus und Siegeszuversicht ausstrahlte. Der zwergenhafte Mars in ihrer Hand hatte keine Chance, ebensowenig der winzige Kapitalist unter ihr. Bezeichnenderweise zeigte das Titelblatt des »Wahren Jacob« zum 40. Jubiläum des 1. Mai (1930, Nr. 9) den großen Arbeiter, aber auch, wie er gleichermaßen einen Kapitalisten und einen Kommunisten niederdrückt. Die Figur einer mächtigen, lichtvollen Frau, Freiheits- und Siegesgöttin zugleich, blieb ebenfalls im Gebrauch, erfuhr allerdings eine Bedeutungserweiterung, indem sie auch die Republik darstellen konnte, ebenso tauchte sie als Allegorie des Völkerbundgedankens auf. Der Typ des Kapitalisten erschien nicht nur in der Rolle des Unterlegenen, sondern wurde immer wieder auch bedeutungsperspektivisch erhöht, wenn es darum ging, ihn als finanzgewaltig und einflußreich darzustellen. Die sogenannte kommunistische Gefahr sollte natürlich sehr bedrohlich bildhaft gemacht werden; dem dienten in den Karikaturen riesige Bolschewiki, als »Bolschewismus« bezeichnete überdimensionale Brandfackelträger oder Amokläufer. Ebenso wurden Objekte zu bedeutungsvollen Bildzeichen vergrößert: Einmal durfte ein hochaufragender Leuchtturm für die Ausstrahlungskraft der SPD und ihrer Sozialismusvorstellung stehen, ein anderes Mahl ein mächtiger roter Fels die Unerschütterlichkeit dieser Partei symbolisieren. Mit einem großflächigen schwarz-rot-goldenen Fahnentuch – Sinnbild des republikanischen Gedankens – wurden die zwergenhaften Figuren der Antirepublikaner (zu denen auch die Kommunisten gerechnet wurden!) niedergedrückt. Ein gewaltiger Band von Karl Marx' »Das Kapital« wurde im Bilde eingesetzt, um einen Kapitalisten an den Boden zu pressen. Ein riesiger Volksfuß trat als Zeichen bildlich gegen die Vertreter des Bürgerblocks auf. Frau Republik lenkte eine ansehnliche Lokomotive, der sich ein kleiner Kapitalist entgegenstemmte. Und schließlich stand eine hoch aufragende Mauer geballter Fäuste im Bilde für die antifaschistische Aktion. In der Karikatur des »Simplicissimus« spielte die Bedeutungsperspektive bei weitem nicht diese Rolle. Als positive Figur wurde dort lediglich und bezeichnenderweise diejenige Hindenburgs in den Bildszenen hochstilisiert; sie allein galt als einziger fester Punkt im Parteiengetriebe der Republik. Die Auseinandersetzung mit den politischen und sozialen Problemen der zwanziger Jahre prägte bei den »Simplicissimus«-Zeichnern eine allgemeine Skepsis. Bei den Karikaturisten der sozialdemokratischen Blätter sah es vergleichsweise doch etwas anders aus. Man bewahrte sich eine Vorstellung vom Arbeiter als schaffender und geschichtsgestaltender Kraft. Teilweise war diese Vorstellung sehr idealisiert, aber man hütete sich davor, den Arbeiter nur als Ausgebeuteten und Gedemütigten zu sehen und darzustellen. Aus dieser Sicht heraus ergab sich immer wieder die Möglichkeit, ihn in den Zeichnungen unverzerrt als bildbeherrschende Figur aufzubauen. Ähnlich war es mit der Auffassung

112 Walter Trautschold
Das ist der Lauf der Welt: ein Kapital ist des andern Feind . . .!
Lachen links (1925) 47

von der Republik. Man hatte eine Idee von ihr, die Idee von Integrität, Gerechtigkeit, Menschenwürde; sie wurde in den Karikaturen in der Leitfigur der großen, Harmonie, Güte und Zukunftsgewißheit verkörpernden Frau bildhaft gemacht, nicht jedoch das wirkliche Wesen und der tatsächliche Zustand dieses Staates. Immerhin hatte man eine – wie auch immer geartete – Auffassung von einer positiven Front, der die negative Front mit der gleichen Deutlichkeit gegenübergestellt werden konnte, also auch in der bedeutungsperspektivischen Überhöhung.

In Karikaturen ohne Bedeutungsperspektive wurden der Republik und dem werktätigen Volk ebenso recht häufig Gestalt gegeben. Beides darf man hier zusammen sehen, ließ sich doch im sozialdemokratischen Verständnis die Republik mit der Idee eines gerechten Volksstaates verbinden. Für die Republik stand eine allegorische Frauengestalt, die teilweise noch die Germania sein konnte. Sie trat in den Bildszenen als Leitfigur der werktätigen Massen auf oder als ihre Beschützerin – nie allerdings als Anführerin im Kampf –, doch umgekehrt figurierten die Arbeitergestalten auch als Schutzwall vor der »Frau Republik«. Zwischen beiden wurde also eine positive Beziehung gesehen. Aus diesem Verständnis heraus gehörte der Kapitalist nicht zur Republik, auch deren andere Feinde nicht, wenn sie in den Karikaturen als solche interpretiert wurden. Diese Weimarer Republik war allerdings tatsächlich ein handfester kapitalistischer Staat und nicht irgendeine hehre Idee, und so ging ihre Deutung in der sozialdemokratischen Karikatur im Kern an den Realitäten vorbei. Immerhin stimmte es , daß es die Arbeiter waren, die in der Republik die erbittert erkämpften demokratischen Rechte zu verteidigen versuchten, aber an den »Schalthebeln« der Macht saßen die Finanz- und Industriegewaltigen und reaktionäre Militärs,

113 Walter Zille jun.
Vier Tage deutscher Geschichte
Ouvertüre.
Der Tag vorher.
Der Tag der Wahl Hindenburgs.
Der Tag danach ...
Lachen links (1925) 24

die dann die Totengräber der Republik wurden. Auch ihnen galten in den Karikaturen des »Wahren Jacob« und von »Lachen links« die Angriffe, nicht jedoch in ihrer tatsächlichen Machtposition im Staat, sondern nur als dessen Gefahr, die ihm sozusagen von außen her drohte. Und sie wurden als Kriegsgewinnler, Devisenschieber, Wirtschaftsdespoten, Ausbeuter und ökonomische Taschendiebe angeprangert und für die Not des Volkes verantwortlich gemacht. Der Typ des deutschen Michel diente hier wie auch beim »Simplicissimus« dazu, die bedrängte soziale Lage der Werktätigen komprimiert zu bezeichnen; er stand als Allegorie der sozialen Ungerechtigkeit. Gleichzeitig wurde er benutzt, um in seiner zipfelmützigen Gestalt das politische Spießbürgertum in Deutschland anzuprangern. Denn schließlich verkörperte er auch das von den rechten Kräften unter politischen Druck gesetzte deutsche Volk – Michel, wie er zwischen den Seiten eines schwarz-weiß-rot eingebundenen Strafgesetzbuches zerquetscht oder wie er, auf der Weimarer Verfassung liegend, von einem Fels der deutsch-nationalen Reaktion plattgedrückt wird.

Die Figur des konservativen, auf die Farben schwarz-weiß-rot eingeschworenen Richters in schwarzer Robe, mit Monokel und Kaiserbart wurde als karikaturistischer Typ eingesetzt, um die reaktionäre Bindung der republikanischen Rechtsprechung aufzudecken. Anders als in den Karikaturen des »Simplicissimus« erschien der Reichstag nur selten als Angriffsziel, und der Parlamentarier avancierte nicht zum karikaturistischen Typ, denn schließlich war man auf die Verherrlichung des Parlamentarismus, im Bilde durch die Wahlurne symbolisiert, eingeschworen. Hingegen traten die Typen des Agrariers und des Zentrumspfaffen wie vor dem ersten Weltkrieg als Zielscheibe satiri-

114 Herbert Anger
Botschaft und Antwort
»Euch ist heute der Heiland geboren!« – »Quatsch, geben Sie uns lieber einen sicheren Börsentip!«
Lachen links (1924) 50

scher Angriffe auf, nun allerdings mehr wegen ihres Antirepublikanismus, der Agrarier allerdings auch als wesentlich Schuldiger am Hunger des Volkes in der Krisenzeit und der Pfaffe als amoralischer Prasser und geistiger Unterdrücker (letzteres insbesondere im Kampf gegen die Konfessionsschule). Ebenso wurde hier der Stahlhelmmann eingereiht. Mit den Karikaturisten so mancher anderen satirischen Zeitschrift hatten die sozialdemokratischen Zeichner den Antikommunismus gemeinsam. Und so blieb es bei der Diffamierung der Kommunisten als Radau- und Raufbrüder, die zusammen mit den Faschisten Krieg gegen die Republik führten. Fünfzackiger Stern und Hakenkreuz dienten als Bildzeichen. Die Nationalsozialisten wurden insbesondere durch den Typ des SA-Mannes visualisiert, der stets eine brutale, stumpfsinnige Visage trug. Erst spät, mit Beginn der dreißiger Jahre, nahm auch die sozialdemokratische Karikatur konzentriert den Kampf gegen die deutschen Faschisten auf. Ihre Kritik hatte dann vor allem drei Akzente: die soziale Demagogie der Nationalsozialisten zu entlarven, die kapitalistischen Geldgeber anzuprangern, den brutalen Mordterror der Faschisten anzuklagen. Dazu wurden teilweise sehr eindringliche Bildideen eingesetzt. Besonders erwähnt sei Karl Holtz' Blatt »Nationalsozialistische Schüsse sind Vorschüsse auf die Seligkeit des 3. Reiches« – auf nächste Distanz wird die Szene an den Betrachter herangebracht (1930, Nr. 19), in der ein SA-Mann einen Zivilisten hinterrücks erschießt. Die soziale Demagogie fand insbesondere in den Gegenüberstellungen bildhaften Ausdruck. Die Figur Hitlers trat dabei als Personifikation faschistischer Lüge auf, vorgeführt in einer Doppelfunktion: einmal den SA-Leuten volle Töpfe und gedeckte Tafeln oder gar die Aufhebung des Privateigentums versprechend, zum anderen aber nur mit den Kapitalherren an diesen Tafeln speisend, während einfache SA-Leute die Herren auf ihre Schultern heben und tragen. Diese eingängigen bildlichen Vergleiche korrespondierten mit wirksamen ironischen Wortspielen. Interessant war dabei, daß hier der Typ des SA-Mannes nicht die gesamte faschistische Bewegung vertrat, sondern die betrogenen Parteimassen vorstellte. Einen derart differenzierten Gebrauch dieses Typs in der Karikatur nahmen nur noch die kommunistischen Zeichner mit gleicher Nachdrücklichkeit vor. Dieses künstlerische Vorgehen berücksichtigte die tatsächlichen sozialen Verhältnisse im nationalsozialistischen Anhang und war auf gezielte agitatorische Wirkung gerichtet.

Neben der Bedeutungsperspektive nutzten die Karikaturisten der sozialdemokratischen satirischen Zeitschriften in besonderem Maße den kontrastierenden Vergleich. Für die antinazistische Thematik ist bereits darauf hingewiesen. Diese bildliche Antithetik wurde allerdings generell für die soziale Anklage bevorzugt, konnte auf diese Weise doch die tiefgreifende Ungleichheit und Ungerechtigkeit besonders verdeutlicht werden. Immer wieder standen sich der wohllebende Kapitalist und der schuftende Arbeiter (bzw. die darbende Arbeiterfamilie), der prassende Reiche und der mühsam rechnende Sparer, der feiste Pfaffe und der hungernde arme Mann gegenüber. Eine besondere Variante bildete der Kontrast zwischen den Kriegsgewinnlern mit ihren Geldsäcken und den Haufen toter Soldaten bzw. den Kriegsinvaliden; eine andere die Begegnung zwischen Engel und feisten Börsianern, die auf die moralische Abwertung der letzteren zielte (Abb. 114). Ohnehin dominierte die Gestalt des Elenden in vielen Variationen sehr stark in diesen Karikaturen. Das bewußt Agitatorische der bildlichen Umsetzungen ist

115 Alois Florath
Darf man Arbeiter wählen?
Lachen links (1924) 13

116 Werner Saul
»Bei den Meiers auf dem Hof in der vierten Etage ist schon wieder ein Kind gestorben.«
»Ja, die Meiers sind sehr angenehme Mieter!«
Der Wahre Jacob (1930) 25

118 Willibald Krain
Die Revue
»Sehn Sie, das ist Kunst, verehrte Republik! Da wird überzeugend zum Ausdruck gebracht, daß wir wieder auf die Beine gekommen sind!«
Der Wahre Jacob (1928) 21

117 Charles Girod
Die Sittlichkeitswalze
Lachen links (1927) 19

offenkundig. Es spielte überhaupt in der sozialdemokratischen Karikatur eine erhebliche Rolle und äußerte sich auch darin, daß Elemente des Plakates oder des Transparentes, daß die Losung, der Aufruf oder das politische Gedicht mit einbezogen wurden. Besonders bezeichnend sind dafür oft die Titelblätter der Hefte zum 1. Mai. Mitunter – zu besonderen Anlässen – verdichtete sich diese Erscheinung geradewegs zum Plakat. Ein derartiger Anlaß konnten die Reichstagswahlen sein, in deren Vorbereitung im »Wahren Jacob« oder in »Lachen links« mitunter fingierte satirische Wahlplakate antirepublikanischer Parteien erschienen (Abb. 115), die mit drastischer Ironie und kräftigem Hohn die Wahlparolen der Deutschnationalen, der Deutsch-Völkischen oder der Deutschen Volkspartei interpretierten, dabei allerdings auch diejenigen der Kommunistischen Partei mit einbezogen. Gegen Ende der Weimarer Zeit erhielt die Gesamtgestaltung des »Wahren Jacob« einen plakathaften Charakter: großzügig aufgemachte Seiten; im Schriftsatz stark hervorgehobene Untertexte zu den Zeichnungen, so daß sie wie Parolen und Losungen wirken mußten; agitatorisch einprägsame Bildideen. Das hing sicher mit den Anforderungen durch die zugespitzte innenpolitische Auseinandersetzung zusammen, war andererseits zugleich eine konsequente Entwicklung dessen, was traditionell zum Wesen der sozialdemokratischen Karikatur gehörte.

Neben dem kontrastierenden Vergleich wurde Metaphorisches eingesetzt. Thema und Motive der Revue, dieses für die Weimarer Republik so charakteristischen Unterhaltungstheaters, fanden wiederholt Verwendung, um ironisch auf Erscheinungen und Vorgänge (Abb. 118) in der politischen Szene anzuspielen. Insbesondere waren es der einexerzierte Gleichschritt der Girlreihe und ihre Uniformität, die zu Sinnübertragungen verlockten. Motive aus Grimms Märchen sollten den Bürgerblock attackieren. Das karnevalistische Treiben trug Züge aktuell-politischer Zustände.

Ein vielfach verwendetes Sinnbild war die schwarz-rot-goldene Fahne – die offizielle Flagge der Weimarer Republik. Sie vertrat im Bild sowohl die Republik als auch die republikanische Idee. Als ihr Gegensymbol funktionierte in der Karikatur wie in der politischen Wirklichkeit die schwarz-weiß-rote Fahne der antirepublikanischen Reaktion, oft in den Karikaturen in direkten Kontrast zur schwarz-rot-goldenen Flagge gesetzt. Diese erschien, um entweder die Stärke der republikanischen Idee zu versinnbildlichen oder um die Gefahren zu bezeichnen, die der letzteren drohten: die Fahne zertrampelt, durchstochen, zerrissen. Ähnlich wurde mit der Weimarer Verfassung als Bildzeichen gearbeitet. Das geschah nicht zufällig, denn die Sozialdemokratie war auf die bürgerliche Verfassung eingeschworen. Sie erschien bildlich als großes Buch und sollte Solidität und Würde bekunden. Aus der christlichen Ikonographie standen nicht – wie in den Karikaturen des »Simplicissimus« – vorrangig Themen und Motive des Leidens Pate, sondern Gestalten von moralischer Integrität: Jesus, Engel. Sie wurden als Bildfiguren auch in moralisierende Zusammenhänge gestellt, nämlich als Gegenspieler von Figuren, die alles nur als Geschäft bzw. nur unter ihren egoistischen politischen Interessen betrachteten, oder als Friedensbewahrer. Aus der antiken Mythologie übernahm man in dieser spannungsgeladenen Zwischenkriegszeit die Gestalt des Mars, die die ständig lauernde Friedensbedrohung verkörperte. Kronos sollte dem Kapitalismus Altersschwäche bescheinigen. Der Tod schließlich konnte in dieser Zeit als Bildfigur nicht ausbleiben – als Begleiter der Armen und als Assistent der internationalen Diplomatie!

Im »Wahren Jacob« und in »Lachen links« war die Zahl der Karikaturen zu außenpolitischen Themen vergleichsweise geringer als im »Simplicissimus«. Die Dollarabhängigkeit des Nachkriegseuropa und die daraus resultierende Gefahr wurden wiederholt ausgedeutet, unter anderem als Dollargalgen oder als Dollar-Heuschreckenschwärme. Die Figur des in Ketten gefesselten oder durch Sowjetwölfe bedrängten Russen sollte die angebliche Unterdrückung in der Sowjetunion gleichnishaft darstellen. Dem Völkerbund wurde einmal mit großer Skepsis begegnet, weil man ihn in der Hand imperialistischer Mächte sah – deshalb in der gezeichneten Szene der Tod als Portier des Völkerbundes oder ein Engel als sein Aushängeschild, dem hinter den Kulissen von den Diplomaten die Flügel beschnitten werden. Zum anderen wurde der Völkerbundgedanke als große Frauengestalt glorifiziert, allerdings gefesselt und attakkiert von den Typ-Figuren des Kapitalisten, des Agrariers, des deutschen und des italienischen Faschisten.

5 VOM ›BLUTIGEN ERNST‹ BIS ZUM ›ROTEN PFEFFER‹

PROLETARIER UND KAPITALIST

119 Alfred Beier-Red
Republik-Schutzgesetz
Der Kleine: »Im Namen Severings! Jeder Rädelsführer der Arbeitslosen wird verhaftet.«
Der Große: »Das wird nicht so einfach sein, du müßtest dann nämlich zuerst den Hunger verhaften ...!«
Eulenspiegel (1930) 4

Die Kommunistische Partei war gerade erst gegründet. Nun mußte sie sich formieren, ihre taktischen Schritte bestimmen, Erfahrungen sammeln. Dazu gehörte auch, sich eigene Pressemedien zu schaffen, um die kommunistischen Vorstellungen in die Arbeiterklasse zu tragen. Es war ebenso eine Voraussetzung dafür, daß sich eine den Aufgaben und Zielen dieser Partei verpflichtete Karikatur entfalten konnte. Natürlich hatte es in Deutschland bereits seit langem eine proletarische Karikatur gegeben. Solange dort eine organisierte Arbeiterbewegung bestand, wurden Karikaturen gezeichnet, die ihre Auffassungen reflektierten. Kontinuität hatte allerdings erst nach dem Erscheinen der sozialdemokratischen Blätter »Der Wahre Jacob« und »Süddeutscher Postillon« in den achtziger Jahren des 19. Jahrhunderts eingesetzt. Seit der Jahrhundertwende waren jedoch auch in der sozialdemokratischen Karikatur marxistische Positionen immer rarer geworden. Es mußte sich wieder eine proletarisch-revolutionäre Karikatur entwickeln, die den neuen Bedingungen des Klassenkampfes entsprach. So wie die Kommunistische Partei nur unter Überwindung von inneren Problemen und in harter Auseinandersetzung mit ihren politischen Gegnern wachsen konnte, bildete sich auch die neue proletarisch-revolutionäre Karikatur heraus, indem sie experimentierte, immer wieder Ansätze suchte, sich gegen Schikanen und Verfolgungen wehrte, um dabei stets die aktuellen Belange des politischen Kampfes zu berücksichtigen.

Dieses geradezu dramatische Heranwachsen der neuen Karikatur spiegelt sich auch in der Geschichte der kommunistisch orientierten satirischen Zeitschriften wider. »›Der blutige Ernst‹ war die erste satirisch-politische Zeitschrift nach der Novemberrevolution in Deutschland, die sich durch eindeutig revolutionären Charakter auszeichnete.«[31] Sie erschien 1919; George Grosz war ihr Zeichner. Im selben Jahr wurde im jüngst gegründeten Malik-Verlag von Wieland Herzfelde »Jedermann sein eigener Fußball« herausgegeben. Die einzige Nummer enthielt die erste politische Fotomontage John Heartfields in der Presse. Als diese Nummer sofort verboten wurde, ließ Wieland Herzfelde ihr eine weitere Zeitschrift folgen: »Die Pleite«. Trotz ständiger Verbote hielt sie sich bis zum Januar 1920, kam dann als satirische Beilage der Monatsschrift »Der Gegner« heraus und 1923/24 noch einmal mit ein paar Nummern in selbständiger Form. Der wichtigste Zeichner war auch hier George Grosz. Neben ihn traten schon Rudolf Schlichter, Karl Holtz, Georg Scholz, Otto Schmalhausen und der ungarische Emigrant László Dállos (Griffel). »Die Pleite« richtete sich in Wort und Bild äußerst scharf vor allem gegen den Verrat der Regierungssozialisten an der Revolution. Grosz' Blatt »Prost Noske! ... das Proletariat ist entwaffnet!«[32] (Abb. 121) ist dafür der bekannteste bildliche Beleg. »Die Pleite« war noch keine von der Kommunistischen Partei herausgegebene Zeitschrift. Im Sommer 1923 brachte die KPD mit »Der Knüppel« ihr erstes eigenes satirisches Organ heraus. Der Untertitel lautete hier: Satirische Arbeiterzeitung. Die meisten Karikaturisten der »Pleite« arbeiteten mit, und es traten neue hinzu. Das waren insbesondere bulgarische und ungarische Emigranten: Boris Angeluschew (Bruno Fŭk, Fuck), Jolán Szilágyi (Joli), Sándor Ék (Alex Keil); dann aus Wiesbaden Alois Erbach (Aleus) und – ein Novum – aus der Berliner Arbeiterbewegung direkt kommend Alfred Beier-Red und Paul Eickmeier. Während »Die Pleite« sich vornehmlich an ein linksintellektuelles Publikum wandte, richtete sich »Der Knüppel« gezielt an die

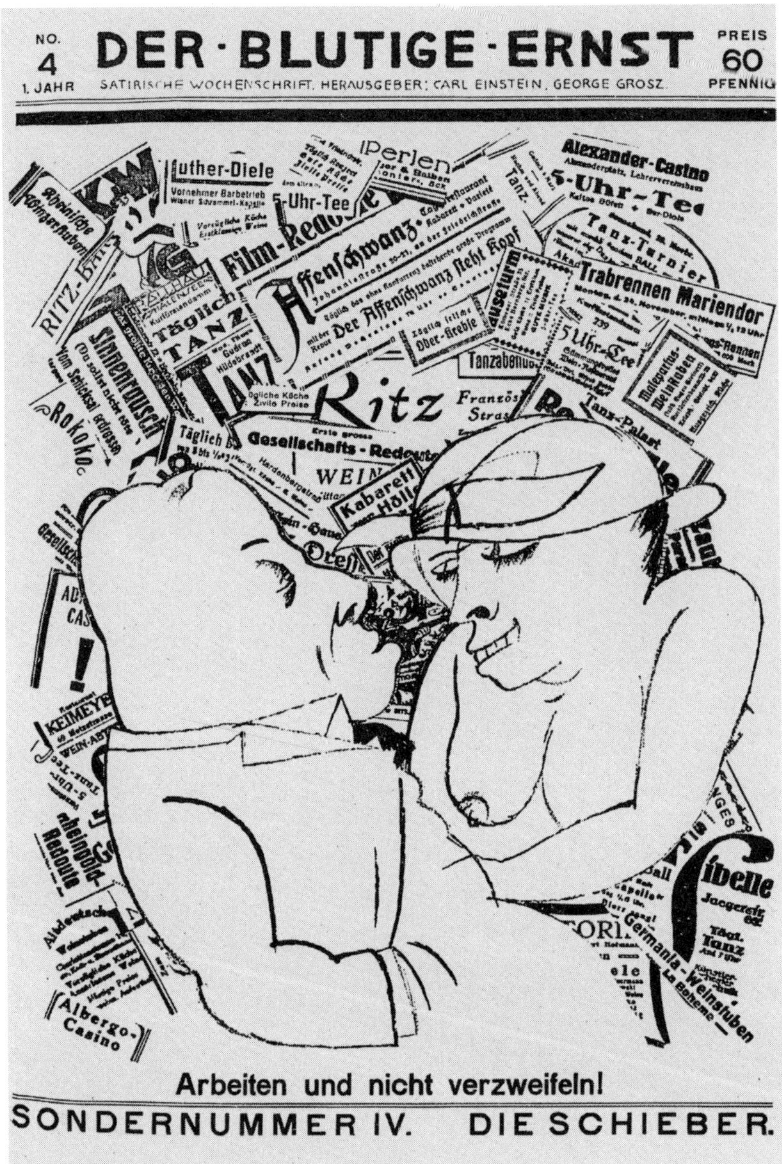

120 George Grosz
Arbeiten und nicht verzweifeln!
Der blutige Ernst (1919) 4

---

31 Sozialistische deutsche Karikatur 1848–1978. Hrsg. Harald Olbrich. Berlin 1979. S. 139 (Text zum Kapitel 1917–1933 von Ursula Horn). Vgl. auch HORN, Ursula: Der Knüppel. Zur proletarisch-revolutionären Karikatur zwischen 1918 und 1933. In: Bildende Kunst. (1978) 11. S. 528

32 Gustav Noske war 1919 Mitglied des Rates der Volksbeauftragten und 1919/20 Reichswehrminister. In diesen Funktionen leitete er die bewaffnete Niederschlagung der Revolution.

Die Pleite

30 Pf. 1. Jahrgang, Nr. 3 Der Malik-Verlag, Berlin-Leipzig Anfang April 1919 30 Pf.

Prost Noske! — — das Proletariat ist entwaffnet!

121 George Grosz
Prost Noske! – das Proletariat ist entwaffnet!
Die Pleite (1919) 3

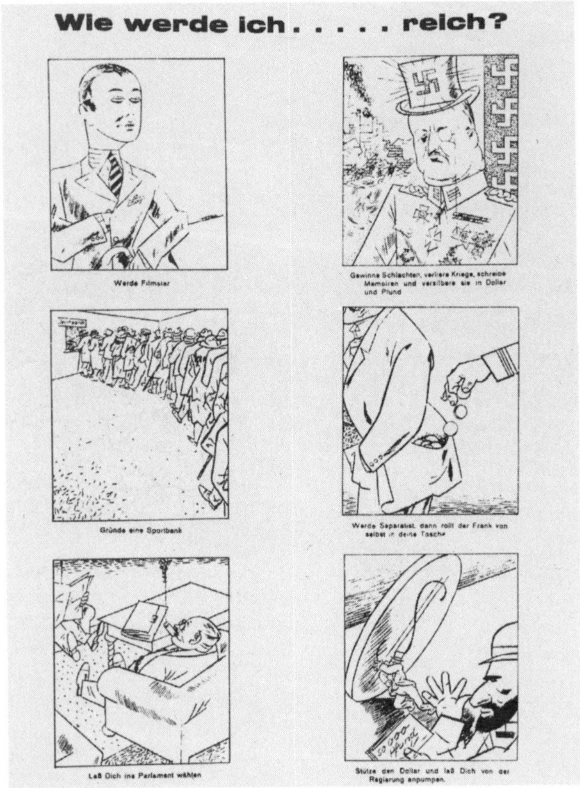

122 George Grosz
Wie werde ich . . . reich?
Die Pleite (1923) 7

123 Rudolf Schlichter
»Was brauchen Sie Gehalts-erhöhung, Sie haben ja ein Kapital zwischen den Beinen!«
Die Pleite (1923) 7

124 Griffel (László Dállos)
Einer neuen Koalition entgegen
»Wir sind unserem Ziel, der praktischen Verwirklichung des Sozialismus, so nahe gerückt, daß wir uns nicht mehr über den Weg, den wir auf der letzten Strecke einzuschlagen haben, zu streiten brauchen.«
Die Pleite (1924) 10/11

125 Rudolf Schlichter
Das Kapital beim Wunderdoktor
Der Knüppel zum Untersuchungsausschuß »gegen« Barmat:
Hier hilft kein doktern mehr!
Der Kerl besteht ja nur aus seinen Geschwüren. Nur eins hilft:
ihn schleunigst totzuschlagen.
Der Knüppel (1925) 2

126 George Grosz
Mein Eid
Ich will von Schwarz-Rot-Gold nicht wanken und nicht weichen.
Gott gebe, daß nicht lange währt die Frist
Bis wieder Schwarz-Weiß-Rot das Siegestuch der Reichen,
Das Leichentuch der Proletarier ist.
Der Knüppel (1925) 6

127 Rudolf Schlichter
Für »mustergültige« Pflichterfüllung
»Na, lieber Pietzker, nun stecken Sie sich mal 'ne anständige Zigarre an.«
Der Knüppel (1925) 4

128 John Heartfield
Front heil!
Das ist es, was den Menschen zieret,
Und dazu ward ihm der Verstand,
Daß er die Heldenbrust frisieret
Für Kaiser, Gott und Vaterland!
Der Knüppel (1927) 4

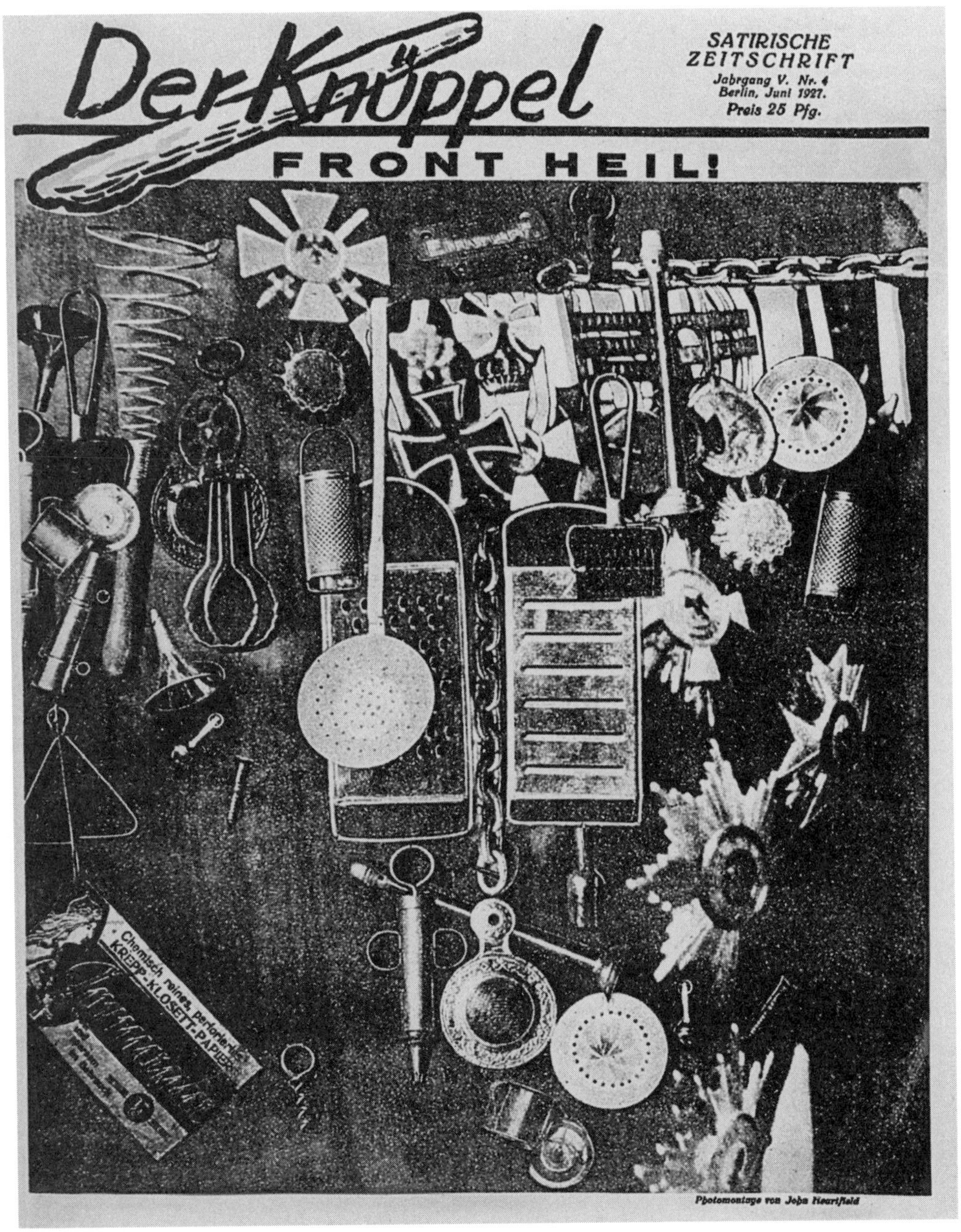

129 Rudolf Schlichter
Sie rechnet besser
Laß dein Rechnen, 's reicht doch nicht. Komm mit raus! Der Mensch muß endlich mal wissen, wo er hingehört.
Der Knüppel (1925) 9

130 Marc Aleus (Alois Erbach)
Ein Wiedersehen! »Ich würde mich zu sehr freuen, bei meinem Einzug auf der Heerstraße von meinen alten 3. Gardegrenadieren begrüßt zu werden.« (Hindenburg zu Luther)
Der Knüppel (1925) 6

Arbeiter. An Ausdrucksschärfe blieben seine Karikaturen nicht hinter denjenigen der »Pleite« zurück. Sie attackierten mit bissigem Sarkasmus und bitterer Ironie in- und ausländischen Imperialismus, den Machteinfluß reaktionärer Kräfte in der Weimarer Republik und die schmählichen Dienste, die die rechte SPD-Führung dem kapitalistischen System dieses Staates leistete. Zugleich agitierten sie für den politischen Kampf und für die Arbeitereinheit. Das brachte der Zeitschrift »Der Knüppel« durch die Justiz der bürgerlichen Republik Verbote und Beschlagnahmen ein.

1927 stellte »Der Knüppel« sein Erscheinen ein. Etwa zur selben Zeit, als aus »Lachen links« wieder »Der Wahre Jacob« wurde, kam es auch hier zu einer Umprofilierung: seit dem 1. April 1928 folgte dem »Knüppel« der »Eulenspiegel«. Er wurde im Untertitel als »Zeitschrift für Scherz, Satire, Ironie und tiefere Bedeutung« bezeichnet und sollte breite Bevölkerungskreise erreichen. Das resultierte aus einer für die KPD veränderten politischen Konstellation. Einmal war der Masseneinfluß der Partei größer geworden, zum anderen erforderte das Interesse der KPD an einem breiten antifaschistischen Bündnis, daß die potentiellen Bündnispartner angesprochen wurden. Deshalb hatte der Essener Parteitag 1927 unter anderem von der politischen Karikatur verlangt, daß sie mehr Volkstümlichkeit erreichen müsse. Dem wurde im »Eulenspiegel« durch »die Vermischung von gemütsbewegender, sozialer Anklage mit beißender Satire«[33] entsprochen. Es wurden sozialkritische Blätter von Käthe Kollwitz und Heinrich Zille publiziert. Der Maler Otto Nagel, einer der Herausgeber der Zeitschrift, steuerte Eigenes zur Karikatur bei. Zeichnungen von Hans Baluschek wurden abgedruckt. Karl Holtz trat hier wieder stärker in Erscheinung. George Grosz und Rudolf Schlichter waren dabei, ebenso Alfred Beier-Red und Alois Erbach sowie andere vom »Knüppel«. Und es tauchten neue Namen in diesem Künstlerkreis auf: Charles Girod, Kurt Werth oder Werner Saul, die auch für »Lachen links« und den »Wahren Jacob«, für »Ulk« und »Uhu« arbeiteten. Hinzu kamen Josef Sauer, Otto Bittner (Bi), Herbert Sandberg, Günther Wagner (Gü).

131 Heinrich Zille
»Verehrteste Hausbewohner!
Nachdem nunmehr meine neuesten Schlager verklungen sind, jestatte ich mir, anläßlich des zehnjährigen Stiftungsfestes unserer sozjalen Republik den schönen Choral zu intonieren: Bis hierher hat mich Gott jebracht –« …
Eulenspiegel (1928) 8

Seit dem Januar 1932 trug diese Zeitschrift den Titel »Roter Pfeffer«. Die Namensänderung war programmatisch gemeint, die inhaltliche Wende allerdings schon 1931 eingeleitet worden. Die Weltwirtschaftskrise, die zunehmende Aushöhlung der bürgerlichen Demokratie, die drohende Gefahr des Faschismus führten zu einer äußerst spannungsgeladenen politischen Situation. »Diese Entwicklung forderte ein Blatt, in dem die Satire von der ersten bis zur letzten Seite wieder zu vollstem Einsatz gebracht wurde.«[34] Der Kreis der beteiligten Zeichner wurde kleiner; es blieben weitgehend die, die sich mit den revolutionären Positionen identifizierten, darunter die bulgarischen und ungarischen Karikaturisten, die seinerzeit zum »Knüppel« gestoßen waren, von den »Neulingen« des »Eulenspiegel« Josef Sauer, Otto Bittner, Herbert Sandberg, Günther Wagner, Kurt Werth. Und immer wieder Alfred Beier-Red und Alois Erbach. Rudolf Herrmann (Ruhe), in dieser Zeit einer der führenden Zeichner des »Ulk«, arbeitete ebenfalls für den »Roten Pfeffer«. Dieses satirische Blatt erschien bis zum Herbst 1932 im gleichen Druckverfahren wie der »Eulenspiegel«. Dann allerdings erfolgte die Herstellung im Rotationsdruck auf grün getöntem Papier und in größerem Format. Dadurch konnte der »Rote Pfeffer« zweimal monatlich erscheinen und unmittelbarer auf die jeweilige politische Situation reagieren. Auf graphische Feinheiten mußte verzichtet werden. Doch aus dieser technischen »Not« wurde eine künstlerische »Tugend« gemacht – die graphische

---

33 BEIER-RED, Alfred: Die Karikatur als Kampfmittel … In: Bildende Kunst. (1963) 10. S. 518. Auch BEIER-RED, A.: Kühn kämpfende Künstler. Die Karikatur als Kampfmittel der revolutionären Arbeiterklasse in der Weimarer Zeit. In: Neue Deutsche Presse. (1963) 2. S. 35
34 BEIER-RED, A.: Kühn kämpfende Künstler, a. a. O. S. 35

132 Karl Holtz
Wir haben's ja dazu ...
Arbeitslosigkeit: Graue Vergangenheit!
Kriegsopfer und -Hinterbliebene: – Glänzend versorgt!
Proletarierkinder und Junglehrer: Überernährt!
Ausgediente Proleten: – Sonniger Lebensabend!
Wohnungen: – In Hülle und Fülle!
Eulenspiegel (1928)

134 Georg Scholz
Ohne Maske
»Ein rechter Mann hat es gottseidank nicht nötig, sein deutsches Antlitz hinter der Maske republikanischer Gesinnung zu verstecken!«
Eulenspiegel (1929) 2

133 Heinrich Zille
»Seh'n Sie, vielwerter Jenosse, – zwei Feiertage hielt ich immer in Ehren und die haben es mir geschafft: Der erste Mai und Kaisergeburtstag.«
Eulenspiegel (1929) 3

135 Charles Girod
Der Letzte
Eulenspiegel (1930) 11

136 Günther Wagner (Gü)
Der Weg ins Glück
Mutter Kuppelpresse: »Siehste, Kleines, das ist meine Praxis zur Entlastung des Arbeitsmarktes«
Eulenspiegel (1931) 10

137 Rudolf Herrmann
Nur die allerdümmsten Kälber wählen ihre Metzger selber!
Roter Pfeffer (1932) 7

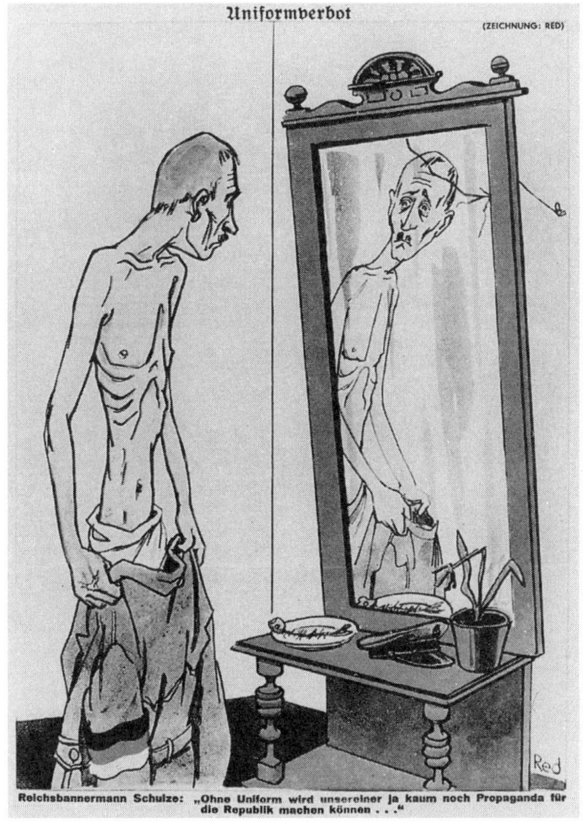

138 Alfred Beier-Red
Uniformverbot
Reichsbannermann Schulze: »Ohne Uniform wird unsereiner ja kaum noch Propaganda für die Republik machen können ...«
Roter Pfeffer (1932) 1

139 Werner Saul
Im »roten« Preussen
Wels: »Arbeiter! Auch bei dieser Wahl heißt es für die SPD wieder, sich schützend vor die Errungenschaften der Republik zu stellen!«
Roter Pfeffer (1932) 4

140 Alfred Beier-Red
Preußischer Haushalt
Im preußischen Etat sind eingesetzt: Für jeden Polizeihund 52 Mark monatlich.
Ab 1. April 1932 beträgt der Unterstützungssatz für ein Kind bis zu 6 Jahren 12 Mark monatlich.
»Darf ich mitessen, Herr Polizeihund?«
Roter Pfeffer (1932) 4

Vereinfachung konnte in den Dienst einer schlagkräftigen Agitation treten. Es sei daran erinnert, daß auch »Der Wahre Jacob« gegen Ende der Weimarer Republik eine plakathafte Aufmachung erhielt, um agitatorisch noch wirksamer sein zu können. – Im Februar 1933 verbot die faschistische Diktatur den »Roten Pfeffer«.

Es ist bereits wiederholt darauf verwiesen worden, daß die proletarisch-revolutionären Karikaturisten vielfältige Anregungen aus künstlerischen Erscheinungen und Strömungen ihrer jüngsten Vergangenheit und auch der Gegenwart aufnahmen und schöpferisch verarbeiteten.[35] Teilweise waren sie selbst Aktivisten neuartiger künstlerischer Richtungen wie George Grosz, John Heartfield und Rudolf Schlichter, die vom Dadaismus ausgingen und dessen anarchistische Antibürgerlichkeit drang hier vor zu scharfer Kapitalismuskritik. Sein Schockieren mit Bluff und Skandal wurde zum schonungslosen Sezieren sozialer Erscheinungen und ihrer Ursachen. Aus den »analytischen« Klebebildern entwickelte John Heartfield die Widerspruchssynthese der politischen Fotomontage, die er zu einer künstlerischen Bildgattung erhob. Das Ausdrucksbetonte expressionistischer Gestaltung wurde aufgegriffen und fand unter anderem in schroffen Flächenkontrasten und Formverschiebungen seine Umsetzung. Den nachhaltigsten Einfluß übte aus der zeitgenössischen Kunstszene fraglos der Verismus aus, der seinerseits dadaistische und expressionistische Elemente angenommen hatte. Die desillusionierende Unerbittlichkeit seiner sozialen Analyse, die übergenaue Darstellung des Gegebenen, die bis zum Grotesken getrieben wurde, Ironie und Hohn in der Aussage, selbst der Zynismus – all das kam dem Anliegen der proletarisch-revolutionären Karikatur, wo es ihr um die Entlarvung der herrschenden Zustände ging, entgegen. Es ist daher nicht verwunderlich, daß es gerade Veristen wie George Grosz, Rudolf Schlichter, Otto Griebel oder Georg Scholz waren, die Wichtiges in die sozialkritische Karikatur der Weimarer Zeit, insbesondere in die proletarisch-revolutionäre Karikatur einbrachten. Doch waren es noch weitere Zeichner, die auf vielfältige Weise Veristisches in ihrer Bildgestaltung individuell umsetzten und ihm zugleich anderes beigaben. Es konnte nicht ausbleiben, daß die Errungenschaften, die mit dem Zeichenstil des »Simplicissimus« der Vorkriegszeit erreicht worden waren, ebenfalls genutzt wurden. Dieser Stil der verknappten und großzügigen Formen, der kontrastierenden Flächen, ausdrucksbetonten Linien und signalisierenden Farben trug bei zeitgenössischer Modifizierung des Formalen und Inhaltlichen etliche gültige Potenzen in sich. Ohne diese künstlerischen Erfahrungen der damals jüngsten Vergangenheit wäre gar manche großzügige Komposition einer karikaturistischen Szene, gar manche verdichtete Bildidee oder auch markante Linienführung in der proletarisch-revolutionären Karikatur kaum denkbar. Deutlicher noch wird der Traditionsbezug zur proletarischen Karikatur des späten 19. Jahrhunderts. Er liegt in der bewußten und gezielten Hinwendung zum Arbeiter als Rezipienten und zeigt sich insbesondere im Ikonographischen, etwa in der Wahl von Themen, die den kämpfenden Arbeiter dem Bourgeois gegenüberstellen, oder in der bedeutungsperspektivischen Erhöhung der zeitgeschichtlich konkreten Arbeitergestalt zum karikaturistischen Leittyp.

Der aggressivste Bildsatiriker der Weimarer Zeit war George Grosz. Während Karl Arnold als Chronist der deutschen Republik charakterisiert wurde, sagte Ilja Ehrenburg von George Grosz, daß das Deutschland jener Jahre seinen Porträtisten in ihm gefunden habe.[36] Beide – Karl Arnold und George Grosz – waren tatsächlich karikierende Sittenschilderer und satirische Moralisten von hohem Rang, doch unzweifelhaft drang letzterer tiefer

141 George Grosz
Rückkehr von der Verfassungsfeier
Die Republik: »Mit dem bin ich zwar verheiratet, aber Dir bleibe ich treu«
Der Knüppel (1924) 6

---

35 HORN, Ursula: Der Knüppel, a.a.O. S. 526. Sozialistische deutsche Karikatur 1848–1978. a.a.O. S. 136/137

36 EHRENBURG, Ilja: Menschen Jahre Leben. Memoiren. Berlin 1978. Bd. 2. S. 15

KAFFEEHAUSKULTUR — George Grosz

142 George Grosz
Kaffeehauskultur
Neue Revue (1930/31) 8

zum Wesen der sozialen und politischen Erscheinungen vor und sah wie ein guter Porträtist durch die »Physiognomie« dieser Republik in ihre Ab- und Hintergründe. Er konnte das, weil er sich in dieser Zeit zu den fortschrittlichsten Kräften bekannte; bereits 1918 wurde er Mitglied der Kommunistischen Partei Deutschlands. 1925 hob er hervor, daß die Revolution ihm und anderen die neue große Aufgabe sichtbar gemacht hatte, nämlich Tendenzkunst im Dienste der revolutionären Sache zu schaffen. »Wem die revolutionäre Sache der Arbeiterschaft keine Redensart oder ›schöne, aber leider nicht zu verwirklichende Idee‹ ist, der kann sich nicht damit zufrieden geben, harmlos oder formproblematisch drauflos zu arbeiten. Er wird sich bemühen, der Kampfidee des Arbeiters Ausdruck zu verleihen, wird den Wert seiner Arbeit an ihrer sozialen Brauchbarkeit und Wirksamkeit messen, nicht an unkontrollierbaren individuellen Kunstprinzipien oder am öffentlichen Erfolg.«[37] So postulierte er zusammen mit Wieland Herzfelde 1925 in dem Orientierungsversuch »Die Kunst ist in Gefahr«. Und in seiner Schrift »Statt einer Biographie« äußerte er bereits 1920: »Es herrscht der Glaube an die alleinseligmachende Privatinitiative. Mitzuhelfen, diesen Glauben zu erschüttern und den Unterdrückten die wahren Gesichter ihrer Herren zu zeigen –, ist der Sinn meiner Arbeit.«[38] Den Unterdrückten die wahren Gesichter ihrer Herren zu zeigen, das tat er im Verlaufe der zwanziger Jahre in vielen satirischen Zeichnungen, in denen er das reaktionäre deutsche Bürgertum und den deutschen Militarismus schonungslos entlarvte. Wenn die Meinung auch nicht richtig ist, George Grosz hätte nie den Typ des selbstbewußt kämpfenden Proletariers gestaltet, so war er in dieser Zeit insgesamt doch weit mehr der Anklagende. Er sezierte die sozialen Strukturen der Ausbeutung und machte sie in den Physiognomien und Haltungen seiner Typen sowie in deren Zueinander sinnlich faßbar. Er war damals der große Verneiner der herrschenden Machtverhältnisse, die er zutiefst haßte, und diesen seinen Haß prägte er seinen Figuren auf, sie vermittelten ihn dem proletarischen Betrachter. Dazu entwickelte er einen ganz eigenen Stil, den er während der Kriegszeit zu formen begann, einen »messerharten Stil«, wie er selbst sagte.[39] Dabei ließ er sich von mancherlei und manchem anregen, wie er selbst dokumentierte: von der Eindeutigkeit der Kinderzeichnungen und von den »folkloristischen Zeichnungen« in Pissoirs, von alten primitiven Holzschnitten und von den lebendigen Farbholzschnitten der Japaner, von

---

37 GROSZ, George; HERZFELDE, Wieland: Die Kunst ist in Gefahr. Ein Orientierungsversuch (1925). Zitiert nach: Manifeste, Manifeste. 1905–1933. Schriften deutscher Künstler des 20. Jahrhunderts. Gesammelt und hrsg. von Diether Schmidt. Dresden 1965. Bd. I. S. 352–356
38 GROSZ, George: Statt einer Biographie. Zitiert nach: Manifeste, Manifeste, a.a.O. S. 260
39 Vgl.: Manifeste, Manifeste, a.a.O. S. 348. Ebenda Grosz' Angaben zu den stilistischen Anregungen, die er erfahren hat. S. 348, 349, 350

Henri de Toulouse-Lautrec und von den »Tendenzmalern und Moralisten« William Hogarth, Francisco de Goya und Honoré Daumier. Seine Vorkriegszeichnungen verweisen auch eindeutig auf frühe Einflüsse aus dem »Simplicissimus«-Kreis. Und er gehörte zu jenen Künstlern, die unermüdlich »Naturstudien« auf den Straßen und Plätzen, in Bars, Cafés und Varietés sowie in der politischen Szene betrieben. Sein Wirklichkeitsfeld war die Großstadt, war Berlin, dort wo sich die sozialen Widersprüche der Zeit am krassesten zeigten. Er sammelte Erfahrungen als Dadaist und verwertete futuristische Bildstrukturen. Letzteres wird deutlich in den räumlichen Überlagerungen und den Durchdringungen von Figuren und Gegenständen und der damit gewonnenen zeitlichen Vielschichtigkeit. Doch aus all diesen Anregungen formte er einen ganz eigenartigen, einen unverkennbar eigenen und neuartigen Stil. Es war vorrangig ein Stil des scharfen Strichs, der zwar im Laufe der zwanziger Jahre etwas von seiner Spannung verlor, dennoch stets zur schonungslosen sozialpsychischen Charakterisierung eingesetzt wurde. Zum stärksten Ausdrucksträger machte George Grosz den Kontur, mit dem er seine Gestalten umriß. Es war ein sachlich unerbittlicher Stil, der aber nicht die konkrete Einmaligkeit des Gegenständlichen bezeichnete, sondern die sozialtypische Verallgemeinerung wollte. Dieses Anliegen verdichtete George Grosz in seinen Figuren – die er nicht als Individuen, sondern als Typen charakterisierte – und insbesondere in ihren Physiognomien, die er als die Physiognomien dieser historisch-konkreten Republik erkannte, sezierte und »festschrieb«.

Viele satirische Blätter von George Grosz erschienen gesammelt in Mappen, die der Malik-Verlag herausgab. Auf diesem Wege erreichte seine Kunst vor allem ihre Wirkung und auch Popularität, denn die Presse, für die er zeichnete, konnte zunächst durch den staatlichen Druck nur recht sporadisch erscheinen. Zu diesen Mappen gehören u.a. »Gott mit uns« (1920), »Das Gesicht der herrschenden Klasse« (1921), »Ecce Homo« und »Die Räuber« (1922) sowie »Abrechnung folgt« (1923). »Die Zeichnungen von Grosz entstanden nicht speziell für die verschiedenen Mappen, sondern wurden aus den früher fertiggestellten Arbeiten ausgewählt. Einige wurden mit unterschiedlichen Titeln, je nach Situation, wiederverwendet und beweisen in diesem Prozeß die Realität der Kunstwerke und ihrer Bedeutung. Ganz entschieden wurde damit das Moment der Originalität gegenüber dem Element der Brauchbarkeit herabgesetzt.«[40] Mit seinen satirischen Zeichnungen, die in diesen Mappen und den Zeitschriften »Der blutige Ernst«, »Die Pleite«, »Der Knüppel« und »Eulenspiegel« erschienen, attakkierte George Grosz die herrschenden Kreise der Weimarer Republik. Zunächst traf er besonders diejenigen, die die Revolution verraten und die äußerst blutig mit ihr »abgerechnet« hatten (Abb. 121, 143). Immer wieder prangerte er die Schamlosigkeit und Profitgier derjenigen an, die praßten und gewaltige Gewinne machten, während das werktätige Volk darben mußte (Abb. 120). Er riß den alten und neuen Militaristen, die ihr Treiben zunächst vor der Welt verbergen wollten, die Maske vom Gesicht und wies auf ihre brutale Fratze. Er zeigte den deutschen Spießer in seiner politischen Beschränktheit und den moralisch verkommenen Bourgeois. Kurt Tucholsky kommentierte, als 1921 »Das Gesicht der herrschenden Klasse« herausgekommen war: »Sie sind alle da: die brutalen Mordoffiziere und Nachfahren eines Ludendorff, die allesamt nicht ertragen können, in

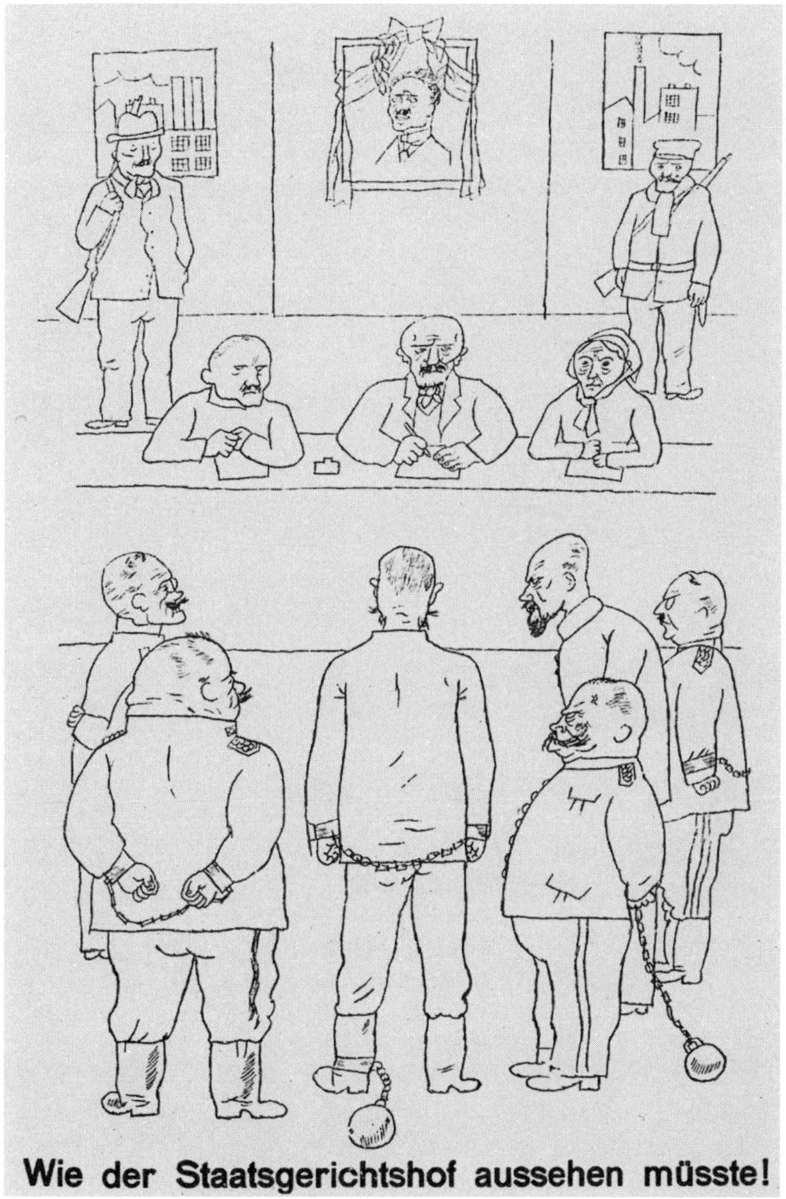

143 George Grosz
Wie der Staatsgerichtshof aussehen müßte!
Der blutige Ernst (1919) 3

40 HESS, Hans: George Grosz. Dresden 1982. S. 110

Zivil zu arbeiten, und die vorziehen, in Uniform zu töten – so das Blatt: ›Prost Noske! Die Revolution ist tot!‹, eines der stärksten politischen Pamphlete unserer Zeit ...; die Kaufleute, die gar nichts anderes sehen als Geschäft, und deren Kinne zeigen, wie man lebt, und deren Lippen, wie man leben läßt; die Viechskerle von Soldaten, Bulldoggen und Sergeanten des kaiserlichen Heeres; Herren und Generäle; einen bezaubernden, immer wiederkehrenden Typus eines Waschlappens = Demokraten mit Pelerine, Umhängebart, Schlapphut, Regenschirm und der jeweils nötigen Überzeugung; Studentenschnösel und Klassenmediziner – und der Letzte, nicht der Beste: Erich Ludendorff-Lindström.«[41]

Republikschutzgesetz
Schupo: „Hör'n Sie mal! Wenn Sie mich dauernd so höhnisch angrinsen, verhafte ich Sie wegen Verächtlichmachung der republikanischen Staatsform!"

144 Alfred Beier-Red
Republikschutzgesetz
Schupo: »Hör'n Sie mal! Wenn Sie mich dauernd so höhnisch angrinsen, verhafte ich Sie wegen Verächtlichmachung der republikanischen Staatsform!«
Eulenspiegel (1929) 12

George Grosz war der linke Intellektuelle, der mit scharfem Verstand und aus moralischer Verantwortung heraus für die ausgebeuteten Proletarier Partei ergriff. Doch bei allem Haß gegenüber ihren Feinden, den er in emotional wirkungsvoller Bildform ausdrückte, war es doch ein anderer Grad der Identifikation als bei denjenigen Künstlern, die direkt aus der Arbeiterklasse erwuchsen. Unter ihnen muß insbesondere Alfred Beier-Red genannt werden. 1902 geboren, war er in den zwanziger Jahren ein junger Mann und stand damals am Anfang seiner künstlerischen Laufbahn. Er stammte aus einer politisch bewußten Arbeiterfamilie, wurde selbst Buchdrucker und reihte sich zeitig in den organisierten politischen Kampf ein: 1920 trat er in den Kommunistischen Jugendverband ein, 1923 in die Kommunistische Partei. 1924 erschien zum erstenmal eine Karikatur von ihm in der »Roten Fahne«, 1928 veröffentlichte die Moskauer »Prawda« erstmals eine seiner Zeichnungen. Er arbeitete für den »Knüppel«, den »Eulenspiegel« und den »Roten Pfeffer«, vornehmlich allerdings für »Die Rote Fahne« und »Die Rote Post«. 1931, also wenige Jahre nachdem er mit seiner künstlerischen Arbeit begonnen hatte, schrieb Alfred Kemény (Durus) über ihn: »Die politisch und künstlerisch hervorragenden angriffslustigen, lebenserfüllten und zukunftsträchtigen Zeichnungen repräsentieren gegenwärtig das höchste Niveau der deutschen revolutionären Kunst. ... Sein Humor schlägt stets in bitterernste Satire um – in dieser Satire ist aber nicht nur eine Ablehnung gegenwärtiger Verhältnisse, sondern stets eine Bejahung der proletarischen Zukunft enthalten. ... Beier, dieser Könner, dieser bereits im internationalen Maßstab bedeutende Satiriker, streift die letzten Reste einer Schablone immer mehr ab. Er formt immer sicherer, immer konkreter, immer überlegener, immer überzeugender das unmittelbare Leben.«[42]

Alfred Beier, der aus Gründen der Sicherheit das Pseudonym Red annahm, entwickelte einen volkstümlichen Stil. Er suchte die Zuspitzung mehr in der szenischen Aktion als in der Verzerrung der Gestalten. Er baute seine Szenen klar und sparsam auf, umriß Figuren und Gegenstände durch einfache, oft kräftige und gespannte Linien. Die bildhafte Metaphorik entnahm er der alltäglichen Vorstellungswelt werktätiger Menschen, die er mit seiner Bildsprache erreichen wollte. Seine volksverbundene Zeichenkunst ist der Berliner realistischen Kunsttradition verpflichtet, die sich über Käthe Kollwitz und Heinrich Zille zurückverfolgen läßt bis zu Franz Burchard Dörbeck, Theodor Hosemann und schließlich Daniel Chodowiecki. Alfred Beier-Red zeichnete sich dadurch aus, daß er die wirklichen politischen Tatbestände sehr schnell erfaßte, sie einer zutreffenden Wertung unterwarf und dafür eine aufschlußreiche, komprimierte Bildidee fand. Er arbeitete zunehmend mit der großen bildbeherrschenden Figur. Anders als bei George Grosz spielte bei ihm die Gestalt des Arbeiters, und zwar des zeitgeschichtlich konkreten Arbeitertyps, eine dominierende Rolle. Insbesondere in der Gegenüberstellung mit dem Typ des Klassengegners steigerte er sie mitunter bedeutungsperspektivisch, um die historische Kraft der Arbeiterklasse bildhaft zu dokumentieren[43] (Abb.119). Das hieß nicht, den Gegner zu unterschätzen. Es gibt genügend Belege

---

41 TUCHOLSKY, Kurt: Fratzen von Grosz. Zitiert nach ders.: Panter, Tiger und andere. Berlin 1958. S. 64/65
Erich Ludendorff gehörte zu den führenden Militärs des kaiserlichen deutschen Heeres. Von erzkonservativer Gesinnung, war er am Kapp-Putsch 1920 ebenso beteiligt wie an Hitlers Putschversuch 1923.
42 »Die Rote Fahne«, 16.12.1931
43 Das vom sozialdemokratischen Reichsinnenminister Severing ausgearbeitete Republik-Schutzgesetz wurde im März 1930 erlassen. Es schränkte die Presse-, Versammlungs- und Koalitionsfreiheit weiter ein und wurde besonders auch gegen revolutionäre Organisationen eingesetzt.

aus dem Schaffen Alfred Beier-Reds in den zwanziger und frühen dreißiger Jahren dafür, daß er sich der Macht der Herrschenden bewußt war; und er schuf die Typen der brutalen und infamen Machtausübung: den einen Knüppel schwingenden Polizisten (Abb. 144), den mordenden Zörgiebel, den scheinheiligen Brüning (Abb. 145), den reaktionären Reichswehrgeneral. Er zeichnete sehr eindringlich die faschistische Gefahr und verdichtete das in seinen Karikaturen in bedrohlichen Faschistentypen (Abb. 146), doch forderte er bildlich ebenso zur antifaschistischen Aktion auf. Er stellte Arbeiter auch in Hunger und Not dar, doch nie entstellte er sie, immer ließ er ihnen auch dann den Ausdruck menschlicher Würde (Abb. 119). Diese Würde konnte er den rechten Führern der Sozialdemokratie nicht zuerkennen; er charakterisierte sie als die liebedienernden Helfershelfer des Kapitalismus. Sein Zukunftsoptimismus hingegen fand

145 Alfred Beier-Red
Preisabbau
Brüning: Sehen Sie nur immer gut nach oben; dann wird es Ihnen schon leichter werden
Eulenspiegel (1930) 12

146 Alfred Beier-Red
Deutschlands sittliche Erneuerung
Mutter: »Wo ist mein Sohn?!«
Der Osaf: »Zum Sackhüpfen ins Dritte Reich.«
Roter Pfeffer (1933) 2

---

44 GRÜNEWALD, Dietrich: Studien zur Literaturdidaktik als Wissenschaft literarischer Vermittlungsprozesse in Theorie und Praxis. Zur didaktischen Relevanz von Satire und Karikatur. Diss. Gießen 1976. S. 569

den besten Ausdruck in denjenigen humorvollen Zeichnungen, mit denen er die zunehmende Stärke der Sowjetunion kommentierte. Dem stellte er – wie andere proletarisch-revolutionäre Karikaturisten – den Kapitalismus als Kranken gegenüber, der nur durch die »Medizin« der imperialistischen Westmächte am Leben erhalten wurde. Die Feststellung, daß die Karikaturen Beier-Reds »oft den Haß der Groszschen Satire und die sachliche Analyse der Schlichterschen Kritik vereinigen«[44], betont richtig die größere Ausdrucksweite der satirischen Szenen Alfred Beier-Reds im Vergleich zu derjenigen der beiden anderen genannten Künstler, weist jedoch noch lange nicht auf alle Bezüge innerhalb der proletarisch-revolutionären Karikatur hin; und sie charakterisiert gar nicht die besondere Ausdrucksqualität der Blätter dieses bedeutenden Künstlers, die auf dessen marxistischer Geschichtserkenntnis beruht.

Wie George Grosz arbeitete auch Rudolf Schlichter gegen Ende der Weimarer Republik nicht mehr für kommunistisch orientierte Zeitschriften. Immerhin hatte er bis dahin für sie einen beachtlichen Beitrag geleistet, war er doch bereits ein wichtiger Zeichner der »Pleite«. Seine konsequentesten Karikaturen zur Kapitalismuskritik schuf er für den »Knüppel«. Wie Alfred Beier-Red verzichtete Rudolf Schlichter auf die starke Verzerrung der Gestalten. Mit veristischer Exaktheit, die Sachtreue mit zugespitzter Charakterisierung verband, bannte er die großformatigen Szenen aufs Blatt. Aus seiner dadaistischen Zeit verwertete er mitunter Montageelemente. Teils griff er Bildideen Honoré Daumiers auf und formte sie schöpferisch um, am deutlichsten wohl in der bissigsatirischen Karikatur auf den Tod Friedrich Eberts: »Das Urteil der Geschichte« mit der bedeutungsperspektivisch überhöhten Gestalt eines aus dem Grabe auferstandenen Revolutionärs, der mit seinem Blut auf Eberts Grabstein in großen Lettern »Verräter« schreibt (»Der Knüppel«, 1925, Nr. 4). Diese Zeichnung ist in kompositionellen Elementen und im Ikonographischen Daumiers bitter-ironischem Blatt »Wahrlich, es lohnte sich, dafür zu sterben« aus der letzten Nummer von »La Caricature« aus dem Jahre 1835 sehr verwandt. Von Daumiers Kunst waren bereits für die proletarische Vorkriegskarikatur wichtige Anregungen ausgegangen. Rudolf Schlichter konzentrierte seine satirische Auseinandersetzung vorrangig auf die Imperialismuskritik, die er mit Ironie und Sarkasmus vortrug. »Imperialistische Kulturarbeit« (Abb. 148) und »Ankunft der Ententekommissare«[45] (Abb. 147) sind dafür charakteristische Beispiele. Sie belegen zugleich, daß er sowohl vom aktuellen Anlaß ausgehend als auch von einer verallgemeinerten Sicht her jeweils Grundsätzliches, Wesentliches in eine Bildidee umzusetzen verstand. Dabei verfremdete er teilweise durch phantastisch-allegorische Figurationen oder erschreckend öde Bildräume, was in einem spannungsvollen Verhältnis zur sachgetreuen Zeichnung der Motive stand. Rudolf Schlichter kritisierte ebenso die rechten Sozialdemokraten und andere politische Kräfte der bürgerlichen Republik, um diesen Staat als Unterdrückungs»apparat« zu kennzeichnen, wobei er unter anderem schlicht antithetisch vorging[46] (Abb. 149).

147 Rudolf Schlichter
Ankunft der Ententekommissare
Stresemann: »Wo darf ich das Gepäck der Herren hinbringen?«
Dawesgeier: »Well, den Koffer mit dem Kredit bringen Sie zum Deutschen Kapital.
Die mit Abbau, Hunger, Elend und Seuchen bringen Sie zum Deutschen Proletariat.«
Der Knüppel (1924) 7

Charles Girod brachte in die Karikatur der späten zwanziger Jahre einen ganz eigenartigen persönlichen Stil ein. Die distanzierte, unsinnliche Bildwelt der Neuen Sachlichkeit wurde hier der sozialen und politischen Satire dienstbar gemacht. Sie erhielt durch Charles Girod völlig neue Ausdrucksmöglichkeiten: intellektuelle Zuspitzung und agitatorische Wucht. Hart und präzis, oft Plastisches betonend, hielt er seine Figuren im wahrsten Sinne des Wortes auf den Blättern fest: denn sie bewegen sich nicht, wirken häufig starr und leblos in surreal anmutenden flachen Bildräumen. Diese stilistische Auffassung berührte sich teilweise mit derjenigen von Karl Holtz und Erich Schilling, doch keiner setzte sie so konsequent zur Verfremdung ein wie Charles Girod. Mitunter steigerte er die bildliche Darstellung zu einer Art Psychodrama, in dem der szenische Raum zum Träger der Stimmungen – Ängste, Erwartungen – der Figuren wurde. Beispiele dafür sind im »Uhu« zu finden, für den er ebenso arbeitete wie für »Lachen links«. Er erfand dingliche Symbole (Abb. 117) oder übernahm verbreitete Produkte wie die Schallplatte, um sie als metaphorische Bildzeichen einzusetzen (Abb. 151). Wenn er die Farbe nutzte, dann konnte er sie zum äußerst intensiven Ausdrucksträger steigern wie etwa im Hintergrundsrot der Mussolini-Karikatur. Er zeichnete gegen den Faschismus, prangerte in den cäsarischen Allüren Mussolinis die tödliche faschistische Bedrohung an – kein anderer Karikaturist dieser Jahre fand dafür eine derart kompakte Bildidee (Abb. 163) – oder stellte mit scharfem Hohn die gefährliche

---

45 Stresemann, Vorsitzender der DVP, war 1923 bis 1929 Außenminister. Der Dawes-Plan sollte die weiteren Reparationszahlungen Deutschlands regeln; er sah vor, die Zahlungen vorrangig auf Kosten der Werktätigen aufzubringen. Eine zugleich gewährte Anleihe von 800 Millionen Goldmark dagegen diente der Stärkung der Industrie.

46 »Reichsbanner Schwarz-Rot-Gold«, eine Wehrorganisation, im Februar 1924 auf Initiative der SPD-Führung gegründet, war auch antikommunistisch ausgerichtet.

148 Rudolf Schlichter
Imperialistische Kulturarbeit
Der Weg des Kapitals ist stets mit Totenschädeln gepflastert
Der Knüppel (1924) 4

149 Rudolf Schlichter
Ihr Programm und ihre Taten
1. »Wir kennen keine Klassenunterschiede. Jeder Deutsche ist unser Bruder ...«
2. Aber der Arbeiter ist kein Deutscher!...
Der Knüppel (1924) 1

150 Charles Girod
Was an der Gesellschaftsdame wichtig ist
Die gnädige Frau begibt sich anläßlich der Schließung der Weltbörsen zum Wohltätigkeitsfest.
Eulenspiegel (1931) 10

151
Charles Girod (Titel der Sondernummer: **Das Dritte Reich**) Eulenspiegel (1931) 2

Geistlosigkeit der nazistischen Propaganda bloß (Abb. 151). Die Kampagne gegen den Panzerkreuzerbau im Herbst 1928 unterstützte er mit dem Titelblatt für die entsprechende Sondernummer des »Eulenspiegel«: in dem skalpierten Kopf eines Völkischen mit der Hakenkreuzbrille schwimmt ein massiger Panzerkreuzer – eine intelligente Bildformel. Charles Girod machte sich auch wiederholt zum zeichnenden Anwalt gegen den reaktionären Sittlichkeitsfanatismus von Spießern und Klerikalen. Dabei ersann er besonders Bildmotive von Belastung und Bedrückung. Unentrinnbar sind die Gestalten, die in seinen Zeichnungen die demokratische Sittlichkeit vertreten, einem gespenstischen Instrumentarium der Dunkelmänner ausgeliefert (Abb. 117, 185). Andererseits versetzte er die Typen der Reaktion in abnorme Situationen, um ihre moralische Haltlosigkeit und zugleich ihre Gefährlichkeit aufzuzeigen. In etlichen Szenen arbeitete er nur mit dem Grau, dessen verschiedene Intensität er sowohl zu weichen Übergängen führte oder auch scharf linear umriß, damit flackernde Unruhe und starre Festigkeit in der Szene auf seltsam eindringliche Weise verbindend.

Alois Erbach war Karikaturist des »Knüppel«, des »Eulenspiegel« und des »Roten Pfeffer«. Anfangs publizierte er unter dem Pseudonym Marc Aleus. Er hatte nicht einen derart ausgeprägten Personalstil wie Charles Girod, doch alle Varianten seiner Darstellungsart waren karikaturistisch sehr wirkungsvoll. Häufig haben seine szenischen Kompositionen etwas Montagehaftes, sicher ein konstruktives Verarbeiten dadaistischer Erfahrungen. Er rechnete mit der plakativen Fläche, wies jedes Bildmotiv klar in seiner Eigenexistenz aus, nutzte schockierende Motive sowie kontrastierende Formelemente und bevorzugte die agitatorisch pointierte Aussage. Erbach war ein scharfer Satiriker, der mit schneidendem Hohn und ätzender Ironie seine Gestalten charakterisierte. Mit seiner Kunst bekämpfte er die Machtausübung in der Weimarer Republik, entlarvte den schreienden Widerspruch zwischen Verfassungswort und Verfassungswirklichkeit – übrigens ein recht oft genutztes Thema in der proletarisch-revolutionären Kunst (Abb. 152) – oder stellte Zusammenhänge im Medienbereich bloß (Abb. 153). In eigenwilliger Weise bediente er sich der antithetischen Bildform, um die imperialistische Friedensheuchelei und den proletarischen Friedenswillen gegenüberzustellen (Abb. 183). Auch verspottete er opportunistische Politiker und Gewerkschaftsführer und zeichnete das bekannte Titelblatt »Roten Pfeffer in ihren Wahlbrei« als Aufruf für die Antifaschistische Aktion (»Roter Pfeffer«, 1932, H. 10).

Kurt Werth kam mit seinen Karikaturen erst gegen Ende der zwanziger Jahre zur revolutionären Presse, war dann besonders für den »Roten Pfeffer« eine starke zeichnerische Stütze. Blätter von ihm erschienen auch in der »Roten Post«, im »Ulk« und in der »Ente«. Die Karikatur »Inventur – Ausverkauf der Demokratie« (Abb. 154) ist charakteristisch sowohl für die Zeit kurz vor dem Untergang der Weimarer Republik als auch für Werths kritische Distanz gegenüber diesem Staat, die er mit dieser metaphorischen Szene ausdrückt. Selbstverständlich schaltete er sich in die Auseinandersetzung mit den Faschisten ein, wobei es ihm darum ging, Hintergründe wie etwa den Zusammenhang zwischen Nationalsozialismus und Kapital aufzudecken[47] (Abb. 155). Ebenso fragte er hinsichtlich Aufrüstung und Krieg nach derartigen Verknüpfungen, so danach, wie im Weimarer Staat der wachsende Wehretat den sozialen Abbau bedingte, oder er verwies auf die Hintermänner des Krieges (Abb. 156). Sehr kritisch ging er mit klerikalistischen Moralauffassungen um und durchleuchtete bissig-ironisch die doppelbödige und menschenverachtende Sittlichkeit des Bürgers. Dabei war er mit der Verzerrung seiner Typen recht zurückhaltend, entwickelte die

152 Alois Erbach
Die schwarze Hand der Zensur
Unter dem Schutz der Verfassung: Eine Zensur findet nicht statt. Die Kunst, die Wissenschaft und ihre Lehre sind frei. Der Staat gewährt ihnen Schutz und nimmt an ihrer Pflege teil.
Eulenspiegel (1929) 4

47 Gottfried Feder gehörte zu den »Programmatikern« der Nationalsozialisten. Bereits 1923 veröffentlichte er eine Broschüre über »Neue Wege in Staat, Finanz und Wirtschaft«.

153 Alois Erbach
Der bürgerlichen Presse gewidmet!
Eulenspiegel (1931) 3

154 Kurt Werth
Inventur–Ausverkauf der Demokratie
Roter Pfeffer (1932) 1

155 Kurt Werth
»Wir fordern die Verstaatlichung ...«
Roter Pfeffer (1932) 5

156 Kurt Werth
Kleine Belebung des Arbeitsmarkts
»... aber erst wenn dieser Konkurrent tot ist, kann ich weiterleben. Vorwärts, mein Lieber!«
Roter Pfeffer (1932) 3

Satire mehr aus der szenischen Situation bzw. aus dem Kontrast zwischen Bild und Unterschrift, verfügte allerdings auch über die bildbeherrschende Figur. Sein Strich ist meist fein und leicht gespannt, mehr geeignet für die erzählende Szene als für das agitatorische Signal.

Es waren mehrere ausländische Künstler, die beträchtlich dazu beitrugen, daß sich die junge proletarisch-revolutionäre Karikatur in Deutschland entfalten konnte. Auf der Flucht vor den reaktionären Regimes in ihren Heimatländern hatten sie als Emigranten hier eine neue Wirkungsstätte gefunden und sich sehr bald wieder in den politischen Kampf eingereiht. Die bitteren Erfahrungen prägten sich auch ihren Bildfindungen ein. Sie attackierten auf besonders sarkastische Weise den politischen Gegner, gaben allerdings ebenso ihrer Zuversicht in die Kraft der Arbeiterklasse besonders starken Ausdruck. Ihre Bildideen haben oft einen betont agitatorischen Charakter. László Dállos

157 Griffel (László Dállos)
Deutschland – die Brücke zum Osten
Deutschland ist gewiß entschlossen, alle seelischen und materiellen Forderungen, die die Entente auf Grund des Versailler Vertrages an uns stellen kann, zu erfüllen. (Stresemann in seiner Reichstagsrede vom 22. Juli)
Proletarier, wollt ihr dulden, daß über euren Rücken hinweg das Kapital gegen Rußland marschiert?
Der Knüppel (1925) 9

158 Griffel (László Dállos)
Unser Handschlag = ihr Tod
(Internationale Einheit der Gewerkschaften gegen die Kapitaloffensive)
Wenn sie sich die Hände reichen, werden die Bürger dazwischen zerquetscht werden.
Der Knüppel (1925) 7

(Griffel) war aktiver Teilnehmer der Ungarischen Räterepublik gewesen, kam 1920 nach Deutschland und wurde bald zu einem der bestimmenden satirischen Zeichner der revolutionären Presse. Arbeiten von ihm erschienen in der »Roten Fahne«, in der »Pleite« und vor allem im »Knüppel«, zu dessen festem Mitarbeiterkreis er gehörte. Ausgerüstet mit marxistischem Wissen und praktischen Erfahrungen erkannte er sehr genau das Wesentliche im Gebaren des politischen Antagonisten. Eindrucksvoll brachte er bereits 1925 auf eine einfache, aber bissig-ironische Bildformel, welche Rolle Deutschland in der imperialistischen Strategie gegen die Sowjetunion zugedacht war (Abb. 157). Auch das westliche Paktsystem, in das die deutsche Republik nach und nach einbezogen wurde, entlarvte er als Fesselung des Arbeiters (Abb. 160). Er war der erste unter den proletarisch-revolutionären Zeichnern, der das Motiv des Handschlags einer Arbeiter- und einer Bauernhand, zwischen denen die kleinen Figuren der Reaktionäre zerdrückt werden, gestaltete und ihm sofort eine monumentale Form verlieh (Abb. 158). Stilistisch bewahrte er sich eine gewisse Breite, doch stets hatte er ein sicheres Gespür für eine kraftvolle Komposition. Das bewies er besonders auch dann, wenn er bedeutungsperspektivisch überhöhte Proletariergestalten in seinen Szenen agieren und die geschichtsformende Kraft der Arbeiterklasse symbolisieren ließ. Sándor Ék (Alex Keil) kam ebenfalls aus Ungarn und war 1922 erstmals in Berlin. Auch er bevorzugte in seinen Darstellungen von Arbeitern die Bedeutungsperspektive, zu denen er reaktionäre »Zwerge« in Kontrast setzte. Seinen Arbeitergestalten gab er stets einen zornig-kraftvollen Ausdruck. Die karikaturistische Verzerrung konzentrierte er allein auf die kleinen gegnerischen Figuren, die er häufig im unteren Bereich der Bildszene zeichnete. Auf diese Weise gestaltete er seine Blätter mehrschichtig antithetisch. Persiflierend wandte er die Bedeutungsperspektive mitunter auch auf eine gegnerische Figur an wie bei dem Blatt »Republikanisches« (Abb. 161), in dem ironisch der große Schupo als Volksallegorie ausgegeben wird. In zunehmendem Maße gelang es ihm, seine Gestalten mit wenigen kräftigen Strichen zu umreißen. Er wollte die einfache, die im schnellebigen politischen Tageskampf leicht verständliche Form, mit der er auch die Monopolisten und Junker und selbstverständlich die faschistischen Mörder entlarvte. Boris Angeluschew (Bruno Fŭk, Fuck) schließlich war Bulgare. Nach der Niederschlagung des Septemberaufstandes von 1923 mußte er seine Heimat verlassen. In Berlin studierte er und arbeitete gleichzeitig für die revolutionäre Presse, unter anderem für die »Rote Fahne«, den »Knüppel«, den »Roten Pfeffer«, die »Arbeiter-Illustrierte-Zeitung«. In seiner künstlerischen Entwicklung beeinflußten ihn vor allem Werke von Käthe Kollwitz, George Grosz, Frans Masereel.

159 Boris Angeluschew (Bruno Fuck)
Gulliver und die Zwerge
Hussa! Hussa! Die Hatz geht los,
Es kommt geritten klein und groß,
Das springt und purzelt gar behend,
Das kreischt und zetert ohne End.
Von Hakenkreuzlern angeführt,
Den Geldsack hinten aufgeschnürt,
Der »Vorwärts« gibt noch einen Stoß!
Die Dummheit folgt als Betteltroß.
Der Knüppel (1924) 1

Das berühmte und für ihn auch charakteristische Blatt »Gulliver und die Zwerge« (Abb. 159) steht ikonographisch in der Tradition Honoré Daumiers. Boris Angeluschew bediente sich ebenfalls gern der bedeutungsperspektivischen Überhöhung kraftvoller Arbeitergestalten als kämpferischer Leittypen des Proletariats, wozu er bekräftigend auch die Farbe einsetzte. Mit dynamischen Linien, die zum Ende der zwanziger Jahre hin unter seiner Hand immer mehr an großzügigem Schwung gewannen, umriß er die flächenfüllenden Gestalten. Wie bei László Dállos und Sándor Ék läßt sich auch bei ihm beobachten, daß er die Erfahrungen aus der Plakatgestaltung immer wieder in die Ausführung seiner Karikaturen mit einbrachte. Besonderen Anteil hatte er an der Entwicklung der antifaschistischen satirischen Graphik. Aber die wohl bedeutsamste künstlerische Erweiterung und Vertiefung erfuhr die proletarisch-revolutionäre Bildsatire durch die Fotomontagen John Heartfields. Wenn auch in »Jedermann sein eigener Fußball«, in der »Pleite« und im »Knüppel« Montagen von ihm erschienen, so war doch innerhalb der Presse vor allem die »Arbeiter-Illustrierte-Zeitung« das wesentliche Publikationsorgan für sie. Da in die vorliegende Untersuchung Materialien aus Zeitungen und Illustrierten nicht einbezogen worden sind, erscheint es nicht angemessen, Heartfields Fotomontagen hier ausführlicher zu erörtern. Es sei nur vermerkt, daß es selbstverständlich Wechselbeziehungen zwischen der gezeichneten und der fotomontierten revolutionären Bildsatire der zwanziger und frühen dreißiger Jahre gab. Beide bekämpften dieselben Gegner; daraus ergaben sich vielfache ikonographische Übereinstimmungen. Beide wollten das Wesen ihrer Feinde hinter deren Schein erkennbar machen; dabei gingen sie gleichermaßen von marxistischer Sozialanalyse und praktischen Klassenkampferfahrungen aus und bevorzugten die analytische Karikatur. Ihren Haß gegen die Reaktion drückten sie in Sarkasmus, schneidendem Spott und bitterer Ironie aus, ihren Zukunftsoptimismus in wuchtiger Pathetik. Doch die der dialektischen Sicht entsprechende Formdialektik fand in Heartfields Fotomontagen ihre höchste Entfaltung.[48]

Während die im »Simplicissimus« der zwanziger Jahre am meisten verwendete Typ-Figur diejenige des deutschen Michel war, dominierte in den proletarisch-revolutionären satirischen Zeitschriften die Gestalt des Arbeiters, allerdings nicht karikaturistisch verzerrt, denn man machte Bildsatire nicht gegen, sondern für ihn. Das wurde ebenso in den sozialdemokratischen Zeitschriften gehandhabt. Auch die bedeutungsperspektivische Überhöhung der Arbeitergestalt wurde hier wie dort bevorzugt, um sie als bildliche Leitfigur herauszustellen. War diese Leitfigur in der sozialdemokratischen Karikatur zum Teil allerdings recht idealisiert gedeutet, so charakterisierte sie die proletarisch-revolutionäre Karikatur bei aller Überhöhung stets kampfentschlossen. Dieser kämpferische Gestus war in den meisten Fällen gegen die Figur eines Kapitalisten gerichtet, die tatsächlich in der proletarisch-revolutionären Karikatur als Typ fast ebenso häufig auftrat wie diejenige des Arbeiters. Die Figur des Arbeiters wurde allerdings sehr differenziert künstlerisch genutzt. Sie erschien als riesiger »Gulliver«, als Richter der Geschichte mit beherrschender Gebärde, als roter Riese nach dem Wahlsieg, als vorwärtsstürmender Fahnenträger, als Agitator der Wahrheit, als zorniger Antifaschist. Mitunter verkörperte sie auch die Position des Unterdrückten in Übergröße, um die auf ihr lastenden Bürden sehr betont vor Augen zu führen: der auf allen vieren kriechende Arbeiter, dem Steuern, Zölle, Panzerkreuzer und anderes auf den Rücken gepackt werden, oder die Arbeitergestalt, die sich – durch die bürgerliche und sozialdemokratische Presse nicht sehend gemacht – vor den Karren der imperialistischen Mächte spannen läßt[49] (Abb. 160). Ebenso wurde der notleidende, unterdrückte, ausgebeutete und irregeleitete Proletarier als bildliche Typ-Figur ohne die bedeutungsperspektivische Vergrößerung dargestellt. Da war der ermordete Revolutionär, der ertrinkende oder verhungerte Arbeitslose, der proletarische Kriegskrüppel, der verhärmte Mann, dem Führer der Republik mit Seifenblasen etwas vorgaukeln, der abgemagerte Reichsbannermann. Den Gegenpol bildete die Proletariergestalt als stolzer Demonstrant oder sich kräftig gegen drohende Hunde (genannt zum Beispiel Schutzzoll, Lohnabbau, Preissteigerung, Aussperrung) wehrend. Metaphorische Vorstellungen wurden zur Bildszene geformt, wenn man große Straßenkehrer oder die proletarische Müllabfuhr die kleinen Figuren der Reaktionäre auf den Müllhaufen der Geschichte kehren ließ. Aus einem alltäglichen Rummelspaß, dem sogenannten »Hau' den Lukas!«, wurde ein karikaturistisches Motiv gemacht: ein kräftiger Arbeiter schlägt auf die kleinen hölzernen Figuren an diesem Gerät, die die Parteien vom Zentrum bis zu den Nationalsozialisten symbolisieren, und zertrümmert sie. All diese Ausformungen des Arbeitertyps gingen letztlich aus der Praxis des politischen und sozialen Kampfes hervor, und sie trugen daher stets die Züge des zeitgeschichtlich konkreten Proletariers.

Auch der Typ des Kapitalisten wurde in der proletarisch-revolutionären Karikatur differenziert geprägt: einmal als der machtvolle Profitjäger, zum anderen als der Unterlegene, dessen Tage gezählt sind. In der ersteren karikaturistischen Wertung erschien er als derjenige, der Geld zusammenrafft, Steuergroschen stiehlt, mit dem Messer von dem Brot des Arbeiters ein großes Stück abschneidet, das heißt »Lohnabbau« betreibt, oder als bedroh-

160 Griffel (László Dállos)
Locarno
»Deutschland muß dem Völkerbund angeschlossen werden!«
Der Knüppel (1925) 12

48 Vgl. dazu OLBRICH, Harald: Proletarische Kunst im Werden. Berlin 1986. S. 254

49 Der Locarnopakt zwischen den europäischen Hauptsiegermächten des ersten Weltkrieges und Deutschland von 1925 garantierte zwar die deutsch-französische und deutsch-belgische Grenze, nicht jedoch die Westgrenzen Polens und der Tschechoslowakei. Er war außerdem gekoppelt mit dem Beitritt Deutschlands zum damals antisowjetischen Völkerbund.

161 Sándor Ék (Alex Keil)
Republikanisches
Die Staatsgewalt geht vom Volke aus – und die Nazis werden von diesem Volk getragen.
Roter Pfeffer (1933) 3

162 Katzke
Dagegen hilft nur eins: ANTIFASCHISTISCHE AKTION!
Roter Pfeffer (1932) 7

licher »Kulturbringer«, der, hinter den Generalen stehend, zum Kriege treibt und schließlich das Land mit den Totenschädeln der Kriegsopfer pflastert. Diese Charakterisierung des Typs des Kapitalisten entsprach derjenigen, die in der sozialdemokratischen Karikatur auch vorgenommen wurde. Als unheilbar Kranken zeigte ihn allerdings nur die proletarisch-revolutionäre Karikatur, denn damit wurde die historisch-materialistische Überzeugung vom gesetzmäßigen Untergang des Kapitalismus in eine karikaturistische Bildgestalt gefaßt. In der Nähe dieser Wertung standen diejenigen Karikaturen, die den Kapitalisten als moralisch verkommen anprangerten, zum Beispiel als Prasser und Hurer, und des öfteren wurden gerade diese Szenen antithetisch proletarischen Hungergestalten gegenübergestellt. Eine andere bildliche Antithese gab es nur in der proletarisch-revolutionären Karikatur: die optimistische Gegenüberstellung einer allegorischen Figur der jungen Sowjetunion und eines Kapitalistentyps, wobei erstere stets als überlegen bezeichnet wurde – Ausdruck der Auffassung vom historischen Sieg des Sozialismus.

Dem karikaturistischen Typ des Kapitalisten waren andere im Bild direkt oder zumindest in der gedanklichen Beurteilung zugeordnet als seine ergebenen Helfer: an erster Stelle stand hier der Polizist, gefolgt von dem Richter und dem reaktionären Offizier. Der Polizist – im Volksmund Schupo genannt – spielte als Typ in der sozialdemokratischen Karikatur keine Rolle, denn er galt als Vertreter der republikanischen Staatsmacht, die von der Sozialdemokratie befürwortet wurde. Aus einem anderen Grunde trat er auch in der »Simplicissimus«-Karikatur kaum auf. Deren Zeichner hatten zwar ein distanziertes Verhältnis zur Republik, doch das resultierte daraus, daß sie diese lediglich als Tummelplatz parteiegoistischer Interessen ansahen,

163
Charles Girod
Caesar Mussolini:
Caesar führte seine Legionen bis ans Rote Meer – Ich aber werde aus der ganzen Welt ein rotes Meer machen!
Eulenspiegel (1928) 4

und deshalb konzentrierten sie ihre Aufmerksamkeit insbesondere auf die Parteitypen. Die proletarisch-revolutionären Karikaturisten hingegen erkannten den Zusammenhang zwischen Kapital und Staatsmacht, und deshalb zeichneten sie den Typ des Schupos als Büttel der Unternehmer, als Hüter der Geldsäcke, als Kontrahenten des bewußten Arbeiters, als »Knüppelhelden« gegen die Arbeitslosen. Bei der offensichtlichen Rücksichtnahme des Staates gegenüber den Rechtskräften war es nicht verwunderlich, daß der Schupo schließlich sogar bedeutungsperspektivisch überhöht dargestellt wurde, wie er schützend-behutsam faschistische Figuren auf seinen Armen trägt. Der karikaturistische Typ des politisch rechts ausgerichteten Richters ist hiermit im Zusammenhang zu sehen. Er gehörte auch zum sozialdemokratischen Typenfundus. Dort allerdings wurde er als antirepublikanisch interpretiert, während ihn die proletarisch-revolutionäre Karikatur als doch charakteristische Erscheinung der bürgerlichen Republik auswies. Als bezeichnendes bildliches Kürzel erschien das geteilte Juristengesicht: nach rechts lächelnd, nach links mit boshaft verzerrter Grimasse schauend. Es verkörperte außerdem den Arbeitermörder und Zensor freiheitlicher Ideen, stets brutal im Ausdruck. Der Typ des reaktionären Offiziers symbolisierte den der Weimarer Republik immanenten Militarismus und dessen vorläufige Ausrichtung auf das innenpolitische Feld. Auch er wurde als gewalttätig und entmenschlicht dargestellt in seiner Rolle als Revolutions- und Arbeitermörder.

Breiten Raum nahmen die Karikaturen gegen die drohende faschistische Gefahr ein, diese erhielt bildliche Gestalt in der Figur Hitlers und in dem Typ des SA-Mannes. In der Karikatur des »Simplicissimus« und des »Wahren Jacob« wurde ähnlich verfahren, was die Auswahl der Typen betraf; hinsichtlich ihrer Deutung bestanden teilweise doch ganz erhebliche Unterschiede.

Selbstverständlich folgte man in der proletarisch-revolutionären Karikatur nicht dem geschichtsfälschenden antikommunistischen Konzept, nach dem Rotfrontkämpfer und SA-Mann auf eine Stufe zu stellen wären. Wo er nicht als der von den faschistischen Führern Betrogene ausgewiesen wurde, war der SA-Mann unverkennbar als Gegner charakterisiert, mit dem man nichts gemein hatte. Vorrangig wurden die SA-Typen als blindwütige Totschläger und als eifrige Verfechter gefährlich-geistloser Parolen gezeigt. Ebenso ging es den proletarisch-revolutionären Karikaturisten nicht – wie doch recht oft denjenigen des »Simplicissimus« – darum, in den Personalkarikaturen Hitlers und Mussolinis lediglich diese beiden Faschistenführer lächerlich zu machen, sondern sie wollten mit diesen Figuren Wesentliches des Faschismus bezeichnen, insbesondere dessen große Gefährlichkeit für Freiheit und Leben. Deshalb erschien Hitler in der Karikatur immer wieder als Henker und Schlächter oder dann auch ironisch-entlarvend als Engel, der jedoch statt der demagogischen Phrasen die tatsächlichen Absichten der Faschisten »ausposaunt«. Und ebenso wurde der Typ des Kapitalisten derart mit faschistischen Figuren zusammengestellt, daß deutlich wurde, wie die einen nur die politischen Handlanger der anderen waren. Darin gab es Übereinstimmung mit der antifaschistischen Karikatur im »Wahren Jacob«.

Die Personalisierung in der Karikatur wurde relativ häufig betrieben, allerdings fast ausschließlich bei innenpolitischer Thematik. Exponenten kapitalistischer Politik setzte man derart ins Bild, daß dadurch Charakteristisches dieser Politik entlarvt werden konnte. Noske stand so für den Verrat an der Revolution, und der sozialdemokratische

164 H. Boese
Noskes Traumzustand
Faun (1919) 17

50 Die Antifaschistische Aktion wurde im Mai 1932 auf Initiative der KPD gegründet. Sie war eine überparteiliche Massenbewegung, um die proletarische Aktionseinheit gegen die Faschisten zu organisieren.

Berliner Polizeipräsident Zörgiebel, der den blutigen 1. Mai 1929 zu verantworten hatte, erschien in der Karikatur als sein Nachfolger. Stinnes avancierte lange Zeit zum Prototyp des Monopolherren, der aus der Not der Werktätigen enorme Gewinne zog. Außenminister Stresemann agierte als imperialistischer Dienstmann, Reichskanzler Brüning als Betrüger der Arbeiter – in jedem Fall war auf den bürgerlichen Klassencharakter der Weimarer Republik gezielt. Und der einstige kaiserliche Heerführer Hindenburg als Präsident dieser Republik bot sich geradezu an, mit seiner Figur in der Karikatur die reaktionäre Bindung dieses Staates satirisch hervorzuheben.

Der deutsche Michel – meistverwendete Typ-Figur in der Karikatur des »Simplicissimus« – wurde von den proletarisch-revolutionären Karikaturisten nur selten benutzt. Mit dieser Dulder-Figur konnten sie die tatsächlichen sozialen und politischen Gegensätze innerhalb des deutschen Volkes nicht deutlich genug reflektieren, schon gar nicht die Notwendigkeit zum politischen Kampf. Die bildliche Antithetik von Proletarier und Kapitalist ließ dagegen eindeutige Aussagen zu. Ebenso ist die Frau Republik als karikaturistischer Typ sehr selten zu finden, denn in dieser Figur lag die Gefahr, die dem Weimarer Staat immanente Widerspruchsproblematik zu verwischen. Wurde sie doch einmal gebraucht, dann nicht als optimistische Leitfigur wie in der sozialdemokratischen Karikatur, sondern als Kranke, am Galgen Aufgehängte, auch als Hure des Militaristen. Das war eine sehr distanzierte Interpretation der Republik, die allerdings durch die innenpolitische Konstellation ständig neu genährt und durch die schließliche Zerschlagung der Republik bestätigt wurde.

Der Kriegskrüppel tauchte immer wieder als anklagende Figur in den karikaturistischen Szenen auf, besonders in seiner Hilflosigkeit als Blinder – als blinder Bettler, als bettelnder Straßenmusikant. Er stand sowohl für die Auseinandersetzung um die soziale Ungerechtigkeit als auch – bitter-ironisch – für die Abrechnung mit dem imperialistischen Krieg und für die Mahnung vor der erneuten Kriegstreiberei. Sein sachlicher Ausweis waren vielfach die Krücken, die auch als selbständiges bildliches Zeichen Verwendung fanden. Das hungernde Kind erschien ebenso als Anklagegestalt wie das Totengerippe, letzteres besonders bezogen auf die Opfer des ersten Weltkrieges. Das Kanonenrohr war Symbol der Kriegsdrohungen durch die internationale Rüstungsindustrie und die imperialistischen Mächte. Wie – Pars pro toto – die Krücke an Stelle des Krüppels stehen konnte, so auch der Polizisten-Tschako allein für die polizeiliche Gewalt und damit für die Unterdrückerfunktion der Staatsmacht. Präsidenten- und Ministersessel waren karikaturistische Bildobjekte, die dazu dienten, die bürgerliche Staatsgewalt dem Spott preiszugeben. Die deutsche Eiche büßte ihre ursprüngliche Funktion, nationale Stärke zu dokumentieren, ein. Sie wurde als morscher Baum dargestellt, der nur noch schlechte Blätter treiben konnte, zum Beispiel die Blätter der bürgerlichen Presse. Die wenigen Motiv-Entlehnungen aus der christlichen Ikonographie orientierten sich – ähnlich wie in der »Simplicissimus«-Karikatur – an Beispielen des Leidens und der Demütigung. Sie wurden jedoch nicht undifferenziert, wie etwa im »Simplicissimus«, sinnbildlich auf das deutsche Volk insgesamt bezogen, sondern bezeichneten beispielsweise den durch die Konterrevolution erschlagenen Arbeiter. Nicht mehr Christus hing am Kreuz, sondern symbolisch ein Proletarier. Christus – mit Pickelhaube, Soldatenstiefel und Gewehr – wurde in dieser seinem Wesen unangemessenen Verwandlung zum bildlichen Entlarvungsfaktor.

Auf der anderen Seite wurde ein Zeichenfundus geschaffen, mit dem die historische Kraft der Arbeiterklasse sinnfällig gemacht werden konnte. Da waren der riesige Hammer oder die gewaltige Keule als Waffen des bedeutungsperspektivisch erhöhten Arbeiters. Die meist heftig wehende rote Fahne kündete von der Dynamik der proletarischen Bewegung und galt zugleich als ihr Wegzeichen. Die große, über den Figuren der Reaktion zusammenschlagende Woge fungierte ebenso als ein Symbol der Unüberwindbarkeit des Proletariats wie der Händedruck zwischen Arbeiter und Bauer. Und schließlich wurde das Emblem der Antifaschistischen Aktion[50] in die proletarisch-revolutionäre Karikatur aufgenommen, um im satirisch-agitatorischen Bild als mächtiges Rad, das die kleinen Figuren der Faschisten überrollt, von den Möglichkeiten zu zeugen, die in der Einheit aller Antifaschisten liegen konnten. So setzte sich die proletarisch-revolutionäre Karikatur ständig mit der Gewalt der Unterdrückung auseinander, verwies zugleich allerdings auf diejenige soziale Kraft, die jene Gewalt zu beseitigen vermochte.

■ ■

6 DAS ANTIFASCHISTISCHE BLATT ›DIE ENTE‹

Kulturbilder (IV.)

„Hören Sie: nehmen Sie auch wirklich j e d e Arbeit an?“

Zeichnung: Saul

Das eine haben sie bestimmt erreicht: Hitlers Gegenkandidaten werden am 10. April einige Stimmen fehlen

165 Werner Saul
Kulturbilder (IV.)
»Hören Sie: nehmen Sie auch wirklich jede Arbeit an?«
Die Ente (1932) 33

166 Karl Holtz
Das eine haben sie bestimmt erreicht: Hitlers Gegenkandidaten werden am 10. April einige Stimmen fehlen.
Die Ente (1932) 14

167 Kurt Werth
Traurige Zeiten! – Überall Freudenmädchen
Die Ente (1932) 44

Vom Oktober 1931 bis zum Februar 1933 erschien die satirische Zeitung »Die Ente«. Es ist Hardy Worm als Schriftleiter zu danken, daß dieses Blatt sich in der kurzen Zeit seiner Existenz zu einem bissigen antifaschistischen Organ entwickelte. Es »bot sowohl linksbürgerlichen als auch kommunistischen und sozialdemokratischen Schriftstellern und Zeichnern eine Plattform, von der aus sie gemeinsam den Nationalsozialismus bekämpfen konnten.«[51] Die wichtigsten ständigen Mitarbeiter unter den Zeichnern waren Karl Holtz, Rudolf Herrmann und Kurt Werth. Karl Holtz war der profilierteste Karikaturist bei den sozialdemokratischen satirischen Blättern »Lachen links« und »Der Wahre Jacob«. Rudolf Herrmann gab der politischen Karikatur des »Ulk« in den frühen dreißiger Jahren das Gepräge und zeichnete ebenfalls für den kommunistischen »Roten Pfeffer«. Zum Mitarbeiterkreis dieser Zeitschrift sowie des »Eulenspiegel« gehörte auch Kurt Werth, wobei gerade er das karikaturistische Profil des »Roten Pfeffer« wesentlich mitbestimmte. Hier bei der »Ente« wurden sie nun zusammengeführt, wurden ihre Potenzen für die antifaschistische Karikatur vereint. Rudolf Herrmann, der beim »Ulk« nicht selten die Titelseite erhielt, schuf ebenfalls die Titelzeichnungen der »Ente«.

Die Karikatur der »Ente« setzte sich vorrangig mit zwei Themenkomplexen auseinander, die sehr bezeichnend für die Endzeit der Weimarer Republik waren: Einmal richtete sie ihre satirischen Attacken auf den desolaten Zustand, in den diese Republik schließlich getrieben worden war, zum anderen schlug sie wütend gegen den Faschismus, der sich immer mehr zur politischen Hauptgefahr »profilierte«. Der ironische Titel zu einer Karikatur von Kurt Werth aus dem Jahre 1932 könnte als ein Motto über vielen Beiträgen der »Ente« stehen: »Traurige Zeiten! – Überall Freudenmädchen« (Abb. 167). Mit Sarkasmus nahm man sich die Praxis der Notverordnungen vor und charakterisierte sie als Wegbereiter für die Nationalsozialisten. Die sogenannte Burgfriedenspolitik wurde verspottet. Die vorgegebene »Unabhängigkeit« der republikanischen Richter bot Angriffspunkte, indem diese als Marionetten von Kapitalist und Militarist dargestellt wurden. Rudolf Herrmanns Kinoszene mit ihrem Untertext verband witzig die so oft von der Reaktion vorgeschobene Behauptung, die öffentliche Moral schützen zu müssen, mit deren tatsächlicher Absicht, nämlich das Volk »bis aufs Hemd ausziehen« zu wollen. Kurt Werth zeichnete eine Versammlungsszene, in der ein Polizist den proletarischen Redner anschreit: »Halt, ich muß die Versammlung auflösen, da Sie gegen den Krieg sind und somit die öffentliche Sicherheit gefährden!« (Abb. 169). Diese auf die Spitze der Absurdität getriebene Aussage traf durchaus Wesentliches der politischen und ideologischen Herrschaftspraktiken in der späten Weimarer Republik. Und bitter war der Hohn auf die zwar oft gebrauchte aber demagogische Losung »Die Sozialisierung marschiert!«, wenn sie durch forsch paradierende Reichswehr illustriert wurde. Hinzu kamen viele Zeichnungen, die soziale Ungerechtigkeit, Arbeitslosigkeit und Hunger anprangerten. Mit derartigen Karikaturen wurde sozusagen der »Sumpf« bezeichnet, aus dem der Faschismus kroch.

Diesem Vorgang und seiner satirischen Entlarvung widmeten die Karikaturisten der »Ente« ihre besondere Aufmerksamkeit. Sie machten sich über Prahlerei und Lügen der Nationalsozialisten lustig und verspotteten deren Kulturlosigkeit. Aber es ging über den Spott bereits hinaus, wenn als Figur auf der Titelseite die Gestalt Goethes vom berühmten Weimarer Denkmal erschien, allerdings mit der faschistischen Losung »Deutschland erwache!« beschmiert und die rechte Hand abgeschlagen (1932, Nr. 1). Diese Losung wurde wiederholt aufgegriffen und mit bitterer Ironie gedeutet, beispielsweise wenn ein SA-Mann einen im Bett

„Sämtliche Parteigenossen werden jetzt von dem Recht der Notwehr Gebrauch machen." „Angriff"

Die deutsche Notwehrmacht

168 Karl Holtz
Die deutsche Notwehrmacht
»Sämtliche Parteigenossen werden jetzt von dem Recht der Notwehr Gebrauch machen.«
»Angriff.«
Die Ente (1932) 27

---

51 Hardy Worm in einem Brief an das »Magazin« vom 27.10.1971. Zitiert nach WORM, Hardy: Das Hohelied vom Nepp. Hrsg. Wolfgang U. Schütte. Berlin 1976. S. 369
52 Die Ente. (1933) 7

169
Kurt Werth
»Halt, ich muß die Versammlung auflösen,
da Sie gegen den Krieg sind und somit die öffentliche Sicherheit gefährden!«
Die Ente (1932) 41

schlafenden Mann erschießt. Allenthalben fand die berüchtigte Losung in der antifaschistischen Karikatur Verwendung, ließ sie doch viele Varianten der satirischen Interpretation zu. Der Zusammenhang zwischen der nationalsozialistischen Partei und ihren geldgebenden Hintermännern in der Industrie dagegen wurde vor allem von der kommunistischen und sozialdemokratischen Karikatur aufgedeckt – und in der »Ente«. Es sei höchste Zeit, daß die Arbeitsdienstpflicht komme, dann hätten die Kerle keine Zeit mehr, über den Sozialismus zu quatschen. Diese Aussage – zwei Kapitalistentypen im Auto, das an der langen Schlange Arbeitssuchender vor dem sogenannten Arbeitsnachweis vorbeifährt, in den Mund gelegt (1932, Nr. 27) –, verwies auf die Interessenverbindung zwischen Kapital und Hitler-Partei (der Arbeitsdienst diente dann tatsächlich zur zwangsweisen faschistischen »Disziplinierung« junger Arbeiter). Und noch deutlicher in einer weiteren Karikatur mit einem Nazityp, der gerade von einem Bankier Geld erhält: »Sie können uns ruhig weiter unterstützen. Unser Sozialismus wird Sie nicht schädigen.« (1932, Nr. 43).

Aus Opposition gegen den Nationalsozialismus war in der letzten Nummer dieser Zeitung zu lesen: »Ihr könnt verbieten, ihr könnt mit Revolvern drohen, ihr könnt knallen – aber eins könnt ihr nicht: uns davon überzeugen, daß wir unrecht haben und ihr im Recht seid.«[52]

7 DER ›KLADDERADATSCH‹ – MICHEL KONTRA MARIANNE

170 H. Lindloff
Der Götze
Germania: »Alles betet diesen eklen Götzen an. Wer kümmert sich um mich?«
Kladderadatsch (1931) 51

Der »Kladderadatsch« war in den zwanziger Jahren bereits eine betagte satirische Zeitschrift. Als eine Gründung der Revolutionszeit von 1848 äußerte er ursprünglich die bürgerlich-demokratische Gesinnung, wurde später jedoch ein eifriger Parteigänger Bismarcks und vertrat auch in der Weimarer Zeit einen militanten Konservatismus. Er rühmte sich in der Eigenwerbung, das einzige große politische Witzblatt Deutschlands »auf nationaler Grundlage« zu sein und betonte es als einen Vorzug, größte Verbreitung ausschließlich in den begüterten Kreisen zu finden.[53] Die Titel der Sondernummern deuteten immer recht klar darauf hin, in welche Richtung man wirken wollte, u.a. die Nummern Erzberger (1920, Nr. 10), Staatsfromm (1921, Nr. 40), Vertrag von Versailles und die Schuldlinge (1922, Nr. 26), Deutsche Wirtschaft (1922, Nr. 51), Ruhr (1923, Nr. 8), Der Auslandsdeutsche (1923, Nr. 36), Hindenburg (1926, Nr. 18), Zehn Jahre in Ketten! (1929, Nr. 26).[54] Gerade das letztere Motto war gleichsam programmatisch für den »Kladderadatsch« dieser Jahre – sowohl hinsichtlich der außen- als auch der innenpolitischen Karikatur. Die außenpolitische Karikatur erhielt einen relativ breiten Raum, brauchte man für nationalistische Attacken doch die Bezugspunkte. Die Versailler Siegermächte wurden fortlaufend mit haßerfüllter Satire bedacht. Die Franzosen erschienen als Räuber, Diebe und Marodeure und vor allem als Kriegshetzer. Den Engländern warf man Vormachtstreben vor und allen beiden, daß sie ihren ständigen »Kuhhandel« auf dem Rücken der Deutschen austrügen. Gegen die Tschechoslowakei hetzte man, es würde dort alles Deutsche zertrampelt und zerschlagen. Polen galt als der Unruhe stiftende Habenichts an den Ostgrenzen. Daß die Sowjetunion in der infamsten Weise diffamiert werden mußte, stand hier nicht in Frage, und den »Bolschewistenschreck« zeichnete man in den gräßlichsten Gestalten. Auf die innenpolitische Szene bezogen bedeutete das alles eine Opposition mit »starken« Formen und Worten gegen jegliche sogenannte äußere Überfremdung. Für den »Kladderadatsch« stand auch fest, daß das »verratene« Deutschland das Opfer von Machtkitzel, Habgier und Rachsucht – den Paten des Versailler Vertrages – geworden sei, und es wurde als das Land mit den friedvollsten Absichten hingestellt. Die Notlage des Volkes lastete man den Siegermächten allein an. Der Parlamentarismus galt als Feld ständiger Zänkereien. Man spottete über die Zentrumspartei. Der Sozialdemokratie wurde vorgeworfen, sie hätte Deutschland an den französischen Chauvinismus verkauft und spiele nun im Lande selbst die Rolle des Mephisto. Die Kommunisten diffamierte man als Radaubrüder, wahrheitsscheue Elemente und Zerstörer. Vereinzelte Kritik an den Nationalsozialisten verstummte dagegen recht bald. Im reaktionären »Stahlhelm« sahen die Karikaturisten des »Kladderadatsch« die einzige positive politische Kraft, und selbstverständlich erhoben sie den einstigen kaiserlichen Generalfeldmarschall Hindenburg zu ihrem Idol.

Die wichtigsten Zeichner waren im »Kladderadatsch« der zwanziger Jahre Arthur Johnson, Oskar Garvens, Werner Hahmann, später noch Lindloff. Sie hatten von den stilistischen Errungenschaften der »Simplicissimus«-Karikatur um 1900 Wichtiges übernommen und zeichneten mit kräftigen Linien und farbigen Flächen Szenen von oft plakativer Wirkung. Und sie ließen die ganze Reihe tradierter Typen »aufmarschieren«, selbstverständlich mit dem deutschen Michel an der Spitze. Er war eine recht häufig von ihnen eingesetzte Figur,

171 Werner Hahmann
Der Naseweis
»Siehste, Onkel Brüning, wenn du's nun noch sooo machtest, wärst du auch ein Diktator!«
Kladderadatsch (1931) 52

---

53 SCHULZ, Klaus: »Kladderadatsch«. Ein bürgerliches Witzblatt von der Märzrevolution bis zum Nationalsozialismus 1848–1944. Bochum 1975. S. 200, 201
54 Ebenda
55 Ebenda

und zwar vor allem in der Rolle des Opfers der Mächte des Versailler Vertrages. So wurde er zunächst auch vorrangig in der Karikatur des »Simplicissimus« interpretiert. Während er dort jedoch zugleich Bildzeichen für das zahlende Volk und für den »Spielball« der Parteien war, hatte er hier fast nur die Funktion der chauvinistischen Anklage zu erfüllen: Michel als Klöppel der Entente-Friedensglocke; Michel als Prometheus, dem nicht der Adler, sondern der gallische Hahn zusetzt; Michel wie Christus das Kreuz tragend, während Marianne, John Bull und andere ihn peinigen – Michel also häufig in seiner bildlichen Aussage noch dadurch bekräftigt, daß er assoziativ an große, sich aufopfernde Leidensgestalten der Überlieferung gebunden wurde. Die französische Marianne verlor natürlich unter den Händen der »Kladderadatsch«-Zeichner jeglichen Charme. Sie erschien im Siegestanz nackt mit der erstochenen Friedenstaube in der erhobenen Hand, als europäische Hornisse, die der Welt keine Ruhe gönnt, als Gefräßige, die nicht von den Reparationen abläßt, oder als wütende Guillotinistin. Die Zeichner des »Simplicissimus« drückten ihre Abneigung gegen Frankreich kaum mit der entstellten Marianne aus, sondern wählten dafür die Typ-Figur des gewalttätigen französischen Soldaten.

Den gab es im »Kladderadatsch« außerdem noch. Zudem wurde Frankreich mit dem Goldhamster verglichen oder gar als »tausendjähriger Störenfried Europas« durch die Gestalten der apokalyptischen Reiter versinnbildlicht. Man bezog also immer wieder vielfältige Vergleichs- und Assoziationsmöglichkeiten ein. Die Nationaltypen John Bull und Uncle Sam waren selbstverständlich ebenfalls im karikaturistischen Gebrauch, wurden allerdings nicht so häufig bemüht wie die Figur der Marianne. Hingegen war die Sowjetunion wie im »Simplicissimus« oder im »Wahren Jacob« ein bevorzugtes Angriffsobjekt. Der große rote Sowjetbär mußte die Bedrohung ebenso verkörpern wie die Gestalt des Todes, die durch den Sowjetstern an der Mütze aus ihrer Allgemeingültigkeit genommen wurde; und das Sinnbild der Peitsche hatte die innenpolitische Situation in dem ersten sozialistischen Land zu bezeichnen. Natürlich galt den Kommunisten ebenso in der innenpolitischen Arena der Weimarer Republik der besondere Haß des »Kladderadatsch«. Mit lichtscheuen Ratten wurden sie karikaturistisch verglichen, als Provokateure denunziert oder als riesiger Betteltyp verunglimpft, und eine große rote Hand wurde zum Bildzeichen für den totalen Ruin erkoren. Kleine Sozialdemokraten zeigte man bei der Anbetung des riesigen Sackes »Auslandskapital«. Als das Wahrzeichen der Republik meinte man den Regenschirm gefunden zu haben, und die allegorische Figur eines »Bonzeosaurus« – eines riesigen drachenartigen Untiers mit der sozialdemokratischen Ballonmütze auf dem Schädel – wurde an einer Futterkrippe dargestellt, vom deutschen Michel tüchtig mit Hundertmarkscheinen gefüttert. Nur ein Zeichen und eine Person interpretierten die Karikaturisten des »Kladderadatsch« in ihrer Bildwelt als positiv: den Stahlhelm als Schutzschild des deutschen »Nationalbewußtseins« und die bedeutungsperspektivisch sehr überhöhte Gestalt Hindenburgs (letztere ebenso im »Simplicissimus«).

Vieles von den Themen, Typen und Interpretationen der Karikaturen des »Kladderadatsch« wurde genauso oder ähnlich in den nationalsozialistischen satirischen Zeitschriften »Die Zeitlupe« und »Die Brennessel«, die beide bereits 1931 gegründet wurden, gebracht. Und es ist die Feststellung sicher richtig, daß der »Kladderadatsch« nicht erst 1933 gleichgeschaltet zu werden brauchte, weil er es schon längst war.[55]

■ ■

DER SINN DES
HITLERGRUSSES:
Motto:
MILLIONEN
STEHEN
HINTER MIR!
Kleiner Mann bittet um große Gaben
Montage: JOHN HEARTFIELD

NACH DER REPUBLIK – ZWISCHEN WIDERSTAND UND ANPASSUNG

Das Jahr 1933 bedeutete mit der Errichtung der faschistischen Diktatur zugleich auch das Ende eines Kapitels deutscher Karikaturgeschichte. Ihr nächstes Kapitel wurde zum großen Teil von antifaschistischen Künstlern im Exil »geschrieben«, während zeitlich parallel dazu im sogenannten Dritten Reich die nationalsozialistische und die ihr gleichgeschaltete Karikatur Propaganda für den Faschismus betrieben. Für beides gab es Ansätze in der Karikatur der Weimarer Zeit. »Quantitativ und auch qualitativ wurde die Hauptlast der antifaschistischen Pressezeichnung, Karikatur und Fotomontage von den Künstlern getragen, die den revolutionären Kräften der Arbeiterbewegung verbunden waren. Sie hatten auch die besten Voraussetzungen durch ihre marxistische Schulung mitgebracht; ihre Karikatur blieb nicht beim Verspotten der aufgeblasenen Nazi›größen‹ stehen.«[56] Andere von ihnen, die nicht emigrieren konnten, wurden mundtot gemacht. Das Schicksal einiger Karikaturisten sei exemplarisch erwähnt. Alfred Beier-Red konnte nach zwei Untersuchungsverfahren nicht mehr für die Presse arbeiten. George Grosz emigrierte kurz vor der faschistischen Machtübernahme in die USA und wurde noch 1938 ausgebürgert. Karl Holtz erlitt Berufsverbot. Otto Griebel, 1933 von der Gestapo verhaftet, stand danach unter Polizeiaufsicht. Paul Eickmeier schloß sich dem Widerstand an und geriet mehrmals in Gestapohaft. Herbert Sandberg wurde 1934–1945 als politischer Häftling im Zuchthaus Brandenburg und im KZ Buchenwald eingekerkert. John Heartfield mußte 1933 nach Prag fliehen, wurde 1934 durch das Hitlerregime ausgebürgert und emigrierte 1938 nach England. Günther Wagner, der zunächst verhaftet war, gelang die Flucht in die Tschechoslowakei; wegen der Gefahr des faschistischen Einmarsches übersiedelte er 1939 nach England. Die ungarischen und bulgarischen Emigranten, die so wesentlichen Anteil an der kommunistischen Karikatur in Deutschland hatten, mußten in ein zweites Exil gehen: Sándor Ék und Jolán Szilágyi in die Sowjetunion, Boris Angeluschew in die Schweiz und in die Tschechoslowakei. Doch auch Karikaturisten bürgerlicher Gesinnung traf es. Thomas Theodor Heine entkam mit Mühe 1933 in die Tschechoslowakei, suchte 1938 Unterschlupf in Oslo und konnte 1942 in Schweden endgültig Zuflucht finden. Marcel Frischmanns Exilweg führte über Brüssel, Kopenhagen, Paris und Melbourne. Er starb in London. Auch Walter Trier verließ 1936 das faschistische Deutschland und ging nach England. Es ist ein Ruhmesblatt der deutschen Karikaturgeschichte, daß viele derjenigen Künstler, die aus dem nationalsozialistischen Herrschaftsbereich entkommen konnten, früher oder später auch in der Emigration ihr künstlerisches Vermögen gegen den Faschismus einsetzten. Günther Wagner zeichnete in Prag unter anderem für den deutschtschechischen »Simplicus«/»Der Simpl«, der 1934/35 trotz ungünstiger Bedingungen erschien. Man orientierte sich bewußt an der Gestaltung des alten Münchener »Simplicissi-

172 John Heartfield
Der Sinn des Hitlergrußes:
Kleiner Mann bittet um große Gaben.
Motto: Millionen stehen hinter mir!
AIZ (1932) 42

56 Sozialistische deutsche Karikatur, a.a.O. S. 236

mus«, wollte das auch im Zeitschriftentitel kundtun und unter ihm antifaschistische Zeichner vereinen. Die »Arbeiter-Illustrierte-Zeitung«, die später »Deutsche Volks-Illustrierte-Zeitung« hieß, konnte weiter herausgegeben werden, nun im Prager Exil. John Heartfield machte für sie auch hier seine hervorragenden Fotomontagen. Thomas Theodor Heine, in seinem Glauben an die Wirkung der politischen Karikatur erschüttert, enthielt sich zunächst der politischen Zeichnung, doch später in Oslo und Stockholm schuf er noch viele Blätter gegen Hitler. Und selbst der Humorist Walter Trier wurde angesichts der faschistischen Bedrohung seit 1942 zum antifaschistischen Bildsatiriker.

Der kommunistische »Rote Pfeffer« wurde im faschistischen Deutschland sofort verboten. Der »Wahre Jacob« stellte sein Erscheinen nach mehrmaligen Eingriffen gegen sozialdemokratische Druckschriften Ende März 1933 ein. Die antifaschistische »Ente« hatte ihre letzte Nummer nach einem SA-Überfall auf die Redaktion im Februar 1933. Doch da gab es auch anderes. Daß der chauvinistische und antirepublikanische »Kladderadatsch« unter der nationalsozialistischen Diktatur weiter erscheinen konnte, verwundert kaum. Auch der unverbindliche bürgerliche Humor der »Fliegenden Blätter« und der »Lustigen Blätter« wurde geduldet und ausgenutzt. Tatsache ist allerdings ebenso, daß sich die Mitarbeiter des »Simplicissimus« (außer Thomas Theodor Heine und Marcel Frischmann) recht schnell und widerstandslos gleichschalten ließen und im Sinne der faschistischen Propaganda zeichneten. 1944 nahm der »Simplicissimus« ein ruhmloses Ende.

Diesen »Simplicissimus« konnte man kaum meinen, als nach dem Kriege in den Westzonen und dann in der BRD wiederholt eine Zeitschrift ähnlichen oder gleichen Namens herausgegeben wurde. Herbert Sandberg schon gar hatte als Vorbild den »Simplicissimus« der Zeit vor 1914 im Sinn, als er 1945 in Berlin zusammen mit Günter Weisenborn den »Ulenspiegel« gründete. Wie jener sollte dieser fortschrittliche Literatur und bildende Kunst sowie die politische Satire umfassen. Es ging also mehr um den Typ der Zeitschrift, den man wieder aufleben lassen wollte. Das gelang nur kurzzeitig, obwohl der »Ulenspiegel« ein gutes künstlerisches Niveau repräsentierte. Natürlich gab es auch Bestrebungen, an das Erbe der proletarisch-revolutionären satirischen Zeitschriften anzuknüpfen. In der sowjetischen Zone und danach in der DDR wurde das mit dem »Frischen Wind« unternommen. Doch auch dieses Unterfangen konnte nur teilweise gelingen. Denn die Bedingungen, aus denen heraus und für die Karikatur geschaffen wurde, hatten sich hier entscheidend verändert. Es begann ein weiteres Kapitel deutscher Karikaturgeschichte.

AUSGEWÄHLTE PERIODIKA MIT KARIKATUREN

Die Presse der Weimarer Republik war von einer heute so nicht mehr vorstellbaren Vielfalt. Diese soll sich, soweit das möglich ist, im nachfolgenden Verzeichnis widerspiegeln.

Aufgenommen wurden alle humoristischen und satirischen Blätter, welche Karikaturen veröffentlichten. Die Tendenz und die Lebensdauer des jeweiligen Blattes blieben unberücksichtigt. Die in Klammern stehenden Jahreszahlen beziehen sich auf die durchgesehenen Zeitschriftenjahrgänge. Die sogenannten Eintagsfliegen wie beispielsweise »Paprika«, »Die Schiebung« oder »Wurstblatt« sind ebenso verzeichnet wie »Simplicissimus«, »Lachen links« oder »Eulenspiegel«.

Darüber hinaus fanden auch Zeitungen, Zeitschriften und Magazine Berücksichtigung, die vordergründig keine humoristischen oder satirischen Periodika waren, die aber sowohl für die Arbeit der Karikaturisten als auch für die Betrachtung der Zeit von nicht zu unterschätzender Bedeutung sind. Diese Blätter sind durch fett-kursive Schrift hervorgehoben.

Bei allen Periodika wurden die Namen der bildkünstlerischen Mitarbeiter – zum Teil in Auswahl – angegeben. Ist kein Künstler verzeichnet, so konnte in diesem Fall die Zeitschrift nicht eingesehen werden, da sie in der Deutschen Bücherei, Leipzig, auf ihren reichhaltigen Bestand wurde im wesentlichen zurückgegriffen, entweder nicht mehr vorhanden ist (in den meisten Fällen Kriegsverlust) oder aus Bestandserhaltungsgründen nicht mehr ausgeliehen wird. Die Möglichkeit, daß Periodika aufgeführt sind, die sich ausschließlich aus Wortbeiträgen rekrutieren, kann also nicht ausgeschlossen werden. Doch dieses Risiko wurde bewußt in Kauf genommen.

Die Namen der Künstler, von denen Karikaturen aus der jeweiligen Zeitschrift im vorliegenden Buch abgebildet sind, werden kursiv hervorgehoben.

ARBEITER-ILLUSTRIERTE-ZEITUNG ALLER LÄNDER
(A-I-Z, AIZ)
Seit 1932: Arbeiterillustrierte-zeitung.
Berlin, Prag 4 (1925) – 15 (1936).
Vorgänger: Sowjetrußland im Bild. Berlin 1 (1921/22) – 4 (1924).
Sichel und Hammer. Illustrierte internationale Arbeiterzeitung. Berlin, Hamburg 2 (1922/23) – 4 (1924). Nachfolger: Volks-Illustrierte.
B. Angeluschew, H. Baluschek, E. Barlach, A. Beier-Red, H. Bellmer, O. Bittner, Deineka, O. Dix, P. Eickmeier, S. Ék, C. Felixmüller, Flemig, E. Gehrig-Targis, C. Girod, R. Großmann, G. Grosz, J. Heartfield, K. Holtz, St. Kohl, K. Kollwitz, C. Meffert, O. Nagel, E. Neuschul, Noetzel, E. Orlik, M. Pechstein, Reinhardt, K. Rössing, H. Sandberg, Scharf, F. Schiff, Schilling, R. Schlichter, M. Schrag, Scholz, Schorr, P. Simmel, O. Starke, Teubner, P. Urban, H. Vogeler, G. Wagner, Wenk, H. Zille.

AN DIE LATERNE
Berlin (1919) 1–9.

DIE ARBEITERIN
Organ der revolutionären Arbeiterinnen, Angestellten und Hausfrauen Groß-Berlins.
Hrsg.: F. Krüger, R. Hanna Ludewig, KPD-Bezirk Berlin-Brandenburg.
Berlin 1 (1924) – 10 (1933).
P. Eickmeier, H. Frankenbach, G. Grosz, K. Holtz, M. Lingner, R. Schlichter.

ARBEITERSTIMME
Tageszeitung der KPD (Sektion der Kommunistischen Internationale) Ost-Sachsen.
Hrsg.: KPD Ost-Sachsen, seit 1930.
Beilage: Der rote Stern; Der kommunistische Genossenschafter; Wirtschaftliche Rundschau; Für unsere Frauen; Der revolutionäre Jungarbeiter; Proletarisches Feuilleton; Das Bild der Woche.
Mit der Nebenausgabe: Der arme Teufel. Dresden 1 (1925) – 9 (1933).
Vorgänger: Volksblatt.
P. Eickmeier, J. Friedländer, O. Griebel, H. Grundig, H. Gute, ILEM, E. Hoffmann, E. Johansson, W. Lachnit, H. Richter, H. Rüsch, F. Skade, P. Cassel.

DIE BEISSZANGE
Eine satirische Zeitschrift.
Verantw.: Carl Hoym.
Hamburg (1932) 1–3.
K. Holtz, W. Krain, W. Steinert.
In der Zeitschrift sind die Arbeiten der Karikaturisten in keinem Fall signiert. Mit Sicherheit läßt sich K. Holtz identifizieren, die beiden anderen Künstler werden vermutet.

BERLIN AM MORGEN
Hrsg.: Willi Münzenberg.
Berlin 1 (1929) – 5 (1933).
Vorgänger: Welt am Morgen.
O. Bittner, R. Herrmann, L. Schleifer, Schüttrich, Traeger.

DIE BERLINER ILLUSTRIERTE WITZZEITUNG
Berlin (1925) 1–11.
P. Brasch, Edler, O. Gohlke, Zahn.

DER BLUTIGE ERNST
Satirische Wochenschrift.
Hrsg.: John Höxter.
Berlin 1 (1919) 1–3.
G. Grosz, J. Heartfield, J. Höxter, L. Wronkow.

DIE BRENNESSEL
Schriftleiter: Karl Prühäusser.
München 1931–1938 (danach aufgegangen in: Simplicissimus).
Eisele, O. Flechtner, Hanno, K. Heiligenstaedt, Hyrr, Mjölnir, Mooritz, E. Osswald, S. Plank, K. Prühäusser, A. Reich, P. Schondorff, J. Schult, Tyll.

DER BRUMMER
Zeitschrift für Humor und Unterhaltung.
Berlin 1 (1914) – 17 (1930) 18.
Vorgänger: Lustige Gesellschaft.
Asir, F. Behmak, M. Däumich, Döbrich, C. Girod, F. Gäbel, Hahn, B. M. Herko, K. Holtz, G. Kobbe, O. Lagemann, E. Morgan, W. Plantikow, O. Starke, W. Zille.

DER BÜCHERKREIS
Zeitschrift für Literatur und Kunst.
Hrsg.: Friedrich Wendel, Karl Schröder. Berlin, Hamburg 1 (1924/25) – 9 (1933).
H. Anger, H. Apelbaum, Arnold, H. Baluschek, G. Benzig, H. Berger, M. Biro, J. Bitterer, E. Braun, R. Budzinski, H. Büchner, H. Burkert, G. Deckwer, R. Drey, A. Dubois, B. Eppert, E. Ernst, W. Faber, A. Federmann, E. Fischer, A. Frank, Gärtner, H. Goetsch, M. Graeser, F. Gravenhorst, Grigoriew, A. Grimmer, Grulich, K. Hach, S. Hasse, Hedloff, K. Hennemann, A. O. Hoffmann, K. Holtz, M. E. Horst, W. Jaeckel, H. Krommer, Kurbad, H. Landwehrmann, Lebek, A. Lehfeldt, Loth, G. Lührig, O. Mahring, Maklakow, O. Marquardsen, C. Meffert, W. A. Meyer, Michael, M. Michaelis, R. Michaelis, H. G. Müller, L. Nunberg, R. v. Othegraven, M. Pechstein, W. Philipp, L. B. Prechner, F. Preiß, Rath, Repsoldt, L. Réthi, F. Ruppert, W. Schön, E. Schönbeck, Th. Schultze-Jasmer, L. Schwerin, M. Schwimmer, Seidel, B. Sopher, N. Stenbock, Stoye, S. Stumpp, Uzarski, I. Vassilliere, C. Vogel, H. Vogeler, K. Voigt, E. R. Weiß, A. Wellmann, A. Woelfle, Wohlfahrt.

CHRONIK DES FASCHISMUS (ROTE REVUE)
Hrsg.: Verlag Antifaschistische Weltliga. Berlin, Wien 1 (1923) – 2 (1924). G. Grosz, R. Schlichter.

DEUTSCHLAND
Wochenschrift für politische Satire und proletarische Kultur.
Redaktion: Friedrich Wendel.
Berlin 1 (1919) 1.
H. Ahlers, K. Kollwitz, G. Wilke.

DEUTSCHES WITZBLATT
Schriftleiter: Richard Kunze.
Berlin 1 (1920) – 9 (1928) 9.

DER DORFBARBIER
Berlin 1 (1844) – 86 (1930) 20.
K. Flemig, H. Goerke, Hahn, Hellwig, O. Lagemann, S. de Mayo, K. Pommerhanz, Schlattmann, H. Schultz, P. Simmel, W. Steinert, W. Trier, W. Zille.

DER DRACHE
Eine ungemütliche Leipziger Wochenschrift.
Redaktion: Hans Reimann, Hans Bauer.
Leipzig 1 (1919) – 6 (1924/25); unter dem Titel: Leipziger Montag. 3 (1921/22) – 4 (1922/23) und unter dem Titel: Der Drache. Eine ungemütliche sächsische Wochenschrift. 5 (1924) – 6 (1924/5).
M. Schwimmer.

HUMORISTISCHES ECHO
Blätter für Scherz, Humor und Satire aus aller Welt.
Berlin 1 (1925) – 14 (1938).
E. Denzel, Frank, A. Florath, B. Gutzow, F. Jüttner, O. Schendel, O. Richter, W. Trier, G. Wilke, F. Wolff.

DIE ENTE
Hrsg.: Bernhard Gröttrup.
Berlin 1 (1931) – 3 (1933).
Erk, Guillaume, *R. Herrmann, K. Holtz*, H. Kiwitz, Lange-Christopher, Malchert, Potzernheim, T. Puwost, H. Rothe, H. Sandberg, *W. Saul*, O. Schoff, *K. Werth.*

EULENSPIEGEL
Zeitschrift für Scherz, Satire, Ironie und tiefere Bedeutung.
Berlin 1 (1928) – 4 (1931).
Vorgänger: Der rote Knüppel; Der Knüppel.
Nachfolger: Roter Pfeffer.
B. Angeluschew, *A. Beier-Red*, O. Bittner, L. Dállos, P. Eickmeier, *A. Erbach*, F. Erpenbeck, O. Fischer, *C. Girod*, M. Graeser, R. Guerin, R. Herrmann, *K. Holtz*, K. Kollwitz, E. v. Kreibig, C. Meffert, O. Nagel, O. Nerlinger, K. Rabus, K. Richter, K. Rössing, H. Sandberg, *J. Sauer*, W. Saul, R. Schlichter, *G. Scholz, G. Wagner*, E. Weinert, K. Werth, *H. Zille.*

FAUN
Hrsg.: Hans Krocker.
Berlin 1 (1918) 1; 2 (1919) 1–11; 4 (1921) 23–26; 8 (1925) 12 und Sondernummer (1925) 1.
H. Boese, A. Florath, R. Helling, R. Hille, G. Koch, J. Kroll, F. Lange, *K. Lange-Christopher*, K. Sauer, W. Thiemer, *L. Wronkow.*

FLIEGENDE BLÄTTER
München 1 (1844) – 91 (1935),

(Zeichnung: SAUER)

... spiel'n Se mal das neue deutsche National-Lied: Ick küsse Dir die Hand Madamm!"

173 Josef Sauer
... spiel'n Se mal das neue deutsche National-Lied: »Ick küsse Dir die Hand Madamm!«
Eulenspiegel (1929) 3

174 Ludwig Wronkow
Courths-Mahler-Filme
Faun (1921) 25

An der Bahre der Revolution. „Sprecht leiser Herrschaften! — Sie könnte am Ende nur scheintot sein ....“

175 Kurt Lange-Christopher
An der Bahre der Revolution.
»Sprecht leiser, Herrschaften! – Sie könnte am Ende nur scheintot sein ...«
Faun (1919) 21

ab 85 (1929) unter dem Titel: Fliegende Blätter und Meggendorfer Blätter.
H. Abeking, M. Flechtner, *J. Geis*, H. R. Pfeiffer, A. Roeseler, W. Stieborsky, W. Storkmann, W. Wagner, R. Winkler.

DER GEGNER
Blätter zur Kritik der Zeit.
Hrsg.: Karl Otten und Julian Gumperz; seit 1920: Julian Gumperz, Wieland Herzfelde.
Beilage: Die Pleite (Satirischer Teil).
Halle, Leipzig, Berlin 1 (1919/20) – 3 (1923).
L. Dállos, O. Dix, G. Grosz, R. Hausmann, A. Hausen, J. Heartfield, K. Holtz, F. Lange, B. Minor, M. Quäker, W. Reue, R. Schlichter, O. Schmalhausen, G. Scholz-Grötzingen.

DIE GEISSEL
Satirische Wochenschrift.
Schriftleiter: Edgar Stahl.
Würzburg 1 (1921) 1–5.

DER GÖTZ VON BERLICHINGEN
Eine lustige Zeitschrift gegen alle. Redaktion: Theodor Walden, Curt Haas.
Berlin 1 (1928) 1–17.
Bauer, A. Erbach, Farago, H. M. Glatz, Goltz, D. Jordan, F. Kraft, Lippschitz, E. Ohser, H. Sandberg, F. Schiff, R. Schlichter, Taussig, L. Unger.

DER GRILLENTÖTER
Zeitschrift für Humor und gute Laune.
Berlin 1 (1924) – 5 (1929) 22.
J. G. Brandoly.

DIE GROSSKUSCHE
Nur für ulkige Tagesereignisse. Offizielles Publikationsorgan. Morgenblatt, Tageblatt, Mittagszeitung und Nachtbummler-Ausgabe.
Leipzig 1 (1919) 1–23. Forst/Lausitz Nr. 24, 25.
W. Maass.

DER GUCKKASTEN
Nachfolger: Meggendorfer Blätter ab 33 (1922).
München, Eßlingen 1 (1905) – 16 (1921) 52.
S. Böck, Kelen, J. Mauder, J. Mukarovsky, E. H. Nunes.

DIE GUILLOTINE
Sozialpolitisch-satirische Zeitschrift.
Braunschweig 1 (Nov. 1918/19) – 2 (1921).
O. Bittner.

DER HAMBURGISCHE SIMPLIZISSIMUS
Verantw.: Erwin Ibing.
Hamburg (1928) 1–3.
Gerber, Nikulski.

JEDERMANN SEIN EIGNER FUSSBALL
Illustrierte Halbmonatsschrift.
Hrsg.: Wieland Herzfelde, Malik-Verlag.
Berlin, Leipzig 1 (1919) 1.
Nachfolger: Die Pleite.
G. Grosz, J. Heartfield.

JUGEND
Münchener illustrierte Wochenschrift für Kunst und Leben.
München 1896–1935.
G. Hirth's-Verlag GmbH München und Leipzig.
K. Arnold, A. Bischof, E. Eber, J. Diez, J. U. Engelhard, N. Gilles, H. M. Glatz, S. Glücklich, F. Götz, M. Hagen, Hegenbarth, Th. Th. Heine, R. Hesse, F. Heubner, O. Hirth, K. Holtz, H. Kley, A. v. Kubinyi, *C. O. Petersen*, P. Rieth, *R. Rost*, H. Sandberg, A. v. Salzmann, A. Schmidhammer, P. Segieth, F. Staeger, Th. Waidenschlager, *E. Wilke*, W. Wolff, H. Zille.

KAIN
Zeitschrift für Menschlichkeit.
Hrsg.: Erich Mühsam.
München, Berlin 1 (1911/12) bis 4 (1914); 5.12.1918 / 25.4.1919.
L. Engler, H. Pessati, Steinhauser.

DER KESSE BALDUIN
Humoristisch-satyrischer Zeit- und Sittenspiegel.
Hrsg. und Schriftleitung: Karl H. Brinkmann.
Hamburg (1926) 1, 2.
W. Nickulski, W. Petersen, W. Stichweh.

DER KAUZ
Humoristisch-satirischer Wochenspiegel. Die neue Zeit im bunten Kleid.
Hrsg.: Heinrich Bauer.
Hamburg (1919) 1–3.

KLADDERADATSCH
Berlin 1848–1944.
O. Garvens, *W. Hahmann, A. Johnson, H. Lindloff*, E. Wilke.

KLASSENKAMPF
Hrsg.: KPD, Bezirk Mitteldeutschland, seit Nr. 100, 1920/1922: Bezirk Halle-Merseburg; Beilage: Jungspartakus.
Halle 1 (1919) – 13 (1933).
Vorgänger und Zwischentitel während der Verbotszeit 1921: Die Tribüne.
B. Angeluschew, A. Beier-Red, O. Bittner, L. Dállos, M. Eggert, P. Eickmeier, S. Ék, A. Frank, Godal, R. Herrmann, R. Horn, M. Lingner, O. Marquardt, P. E. Schulz, K. Völker, G. Wagner.

DER KNÜPPEL
Politisch-satirische Arbeiterzeitung.
Berlin 2 (1924) – 5 (1927).
Vorgänger: Der rote Knüppel; Ersatz unter dem Titel: Die Peitsche; Die rosarote Brille.
Nachfolger: Eulenspiegel.
B. Angeluschew, A. Beier-Red, H. Bellmer, *L. Dállos*, O. Dix, P. Eickmeier, *A. Erbach*, S. Ék, Gellert/New York, O. Griebel, *G. Grosz*, W. Günther, *J. Heartfield*, E. Hoffmann, K. Holtz, K. Hubbuch, S. Huber, Huhn, E. Johansson, W. Klein, F. Lange, D. Ling, F. Masereel, C. Meffert, B. Minor, Moritz, Peri, *R. Schlichter*, Schmalhausen, J. Szilágyi, A. Stadler, W. Stift, K. Völker.

KULTURWILLE
Organ für kulturelle Bestrebungen der Arbeiterschaft; seit 1925: Monatsblätter für Kultur und Arbeiterschaft.
Hrsg.: Arbeiterbildungsinstitut Leipzig.
Leipzig 1 (1924) – 10 (1933).
W. A. Allner, G. Bönschen, R. Budzinski, H. Büchner, O. Coester, W. Faber, C. Felixmüller, P. Grulich, H. Kossatz, H. Kralik, G. Kretzschmar, P. Meinhardt, E. Mende, E. Ohser, O. Pleß, J. Sauer, O. Schade, M. Schwimmer, M. Schrag, H. Trombrock, H. Trinkaus.

KUNST DER ZEIT
Zeitschrift für Kunst und Literatur.
Hrsg.: Verein Künstlerselbsthilfe.
Berlin 1 (1927) – 3 (1928/29); 1 (1929/30).
Vorgänger: Künstlerselbsthilfe.
J. Adler, G. Arntz, C. Bessenich, J. Bretz, E. Briel, M. Clarenbach, Mac Couch, G. Davringhausen, K. Deppert, A. W. Dressler, M. Dungert, M. Fingesten, O. Freundlich, E. de Fiori, C. Felixmüller, W. Gessel, H. Glaser, M. Hegemann, R. W. Heinisch, W. Helbig, H. Heuser, H. Hoerle, W. Hofferbert, P. Holz, W. Jaeckel, F. M. Jansen, A. Kohler, G. Kolbe, K. Kollwitz, H. Kraus, J. Mangold, O. Niemeyer-Holstein, J. Nussbaum, E. Orlik, J. Ottens, A. Posch, A. Raederscheidt, Rasmussen, Ch. Rohlfs, K. Schmidt-Rottluff, S. Schwarz, R. Seewald, J. Steinhardt, E. Stern, A. Trillhase, W. Tschech, A. Uzarski, O. v. Waetjen, R. Walter, A. Weber-Scheld, I. Wetzel, H. Winter, J. Wolfthorn, F. Wolff, M. Worringer.

DAS LACHEN
Hrsg.: Max Otto.
Berlin (1932) 1–6.
R. Berg, F. P. Schmidt, M. Otto.

LACHEN LINKS
Das republikanische Witzblatt.
Redaktion: Erich Kuttner, Friedrich Wendel.
Berlin 1 (1924) – 4 (1927).
Vorgänger: Der Wahre Jacob.
Nachfolger: Der Wahre Jacob.
H. Abeking, H. Anger, H. Baluschek, A. Birkle, *M. Braun*, O. Delling, L. Ehrenberger, Erms, *A. Florath, C. Girod*, Godal, *K. Holtz*, K. Hügelow, Kamelhard, O. Köster, *H. Kossatz, W. Krain*, H. Landwehrmann, O. Marquardsen, J. Ottens, Potzernheim, K. Rabus, A. Schäfer, L. Schleifer, P. Schondorff, F. Schultz, S. Sebba, *W. Steinert, W. Trautschold*, M. Valentin, E. Weinert, G. Wilke, F. Wolff, *H. Zille, W. Zille*

176 Hans Baluschek
Zu viel auf einmal!
»Mutter, wir sollten uns doch noch die Walze ›Heil dir im Siegerkranz‹ zulegen!« – »Aber Vaterken, wir haben doch schon den Affen angeschafft!«
Lachen links (1925) 27

177 (Franz?) Holstein
O diese neue Sachlichkeit! »Ein schrecklicher Kerl, mein Innenarchitekt! Am liebsten hätte er mir noch die Eingeweide rausgenommen, einen Benzinmotor eingebaut und meinen Bauch mit 'm Glasfenster verschlossen!«
Lustige Blätter (1930) 17

178 Hans Kossatz
Die Familie in Uniform
»Und, Herr Photograph, bringen Se auch die nationale Jesinnung recht jetreu auf die Platte.«
Lachen links (1925) 42

179 Richard Rost
Der Schieber verkauft Germanias letztes Hemd
Jugend (1920) 11

DER LACHENDE GROSCHEN
Leipzig (1932) 1–20.
A. Florath, Dattel, K. Pommerhanz, H. Landwehrmann, H. Rewald, M. Schaberschul, O. Schendel, J. Szilágyi.

DER LACHENDE LANDSER
Blätter für Humor und Satire.
Magdeburg (1927) 1–6.
Redaktion: S. Graff.
KP, R. Hesse, C. O. Petersen, E. Thöny.

LACHPILLEN
Leipzig (1919) 1.

DIE LEUCHTE
Illustrierte Zeitschrift für Kunst, Humor, Kritik, Satire.
Dresden 1 (1919/20) – 3 (1922).

LEUCHTKUGEL
Das völkisch-satyrische Witzblatt.
Berlin 1 (1921) – 3 (1923) 6.
Ab 1 (1922) Untertitel: Deutschnationales Witzblatt.

DIE LUPE
Hrsg.: Philipp und Emil Ruprecht.
Nürnberg 1926, Einführungsnr. und Nr. 1; (1927) 2, 3.
Ojo, P. Ruprecht.

LUSTIGE BERLINER ZEITUNG
Schriftleiter: Otto Neue.
Berlin (1927) 1–4.

LUSTIGE BLÄTTER
Berlin 1 (1886) – 59 (1944) 10.
H. Abeking, F. Barlog, L. Ehrenberger, K. Heiligenstaedt, W. Hellwig, *W. Herzberg, F. Holstein, W. Krause,* G. Mühlen-Schulte, *C. O. Petersen, P. Simmel, W. Trier, W. A. Wellner,* B. Wennerberg, E. Wilke, *H. Zille.*

LUSTIGE GESELLSCHAFT
Berlin 1 (1903) – 17 (1920) 26 – ab dann aufgegangen in: Der Brummer.
Asir, F. Behmak, Döbrich, Hahn, W. Plantikow.

DIE LUSTIGE KISTE
Eine urfidele Monatsschrift. Für alle, die nicht mehr lachen können, verordnet von Dr. Quietschvergnügt.
Leipzig 1 (1924) – 9 (1933) 4.
H. Berger, R. Braun, Carlsen, M. Däumich, Dattel, Erbert, A. Hoffmann, Hügelow, G. Kretzschmar, Schaberschul, O. Schendel, H. Stubenrauch.

DIE LUSTIGE REVUE
Berlin (1921) 1–2.

MÄRZ
Zeitung für Politik, Wirtschaft, Kunst, Wissenschaft, Erziehung.
Hrsg.: Hans Albert Förster, R. Franz.
Leipzig 1919–1924. (ab 4 [1924] 8 verboten).
H. A. Förster, K. Holtz.

MAGAZIN FÜR ALLE
Universumbücherei für alle.
Berlin 4 (1929) – 8 (1933).
Vorgänger: Dies und Das. 1 (1926).
Blätter für alle. 2 (1927) bis 3 (1928).
B. Angeluschew, Aschheim, K. Bernhardt, E. Bischof, K. Bittner, Bodensiek, M. Eggert, P. Eickmeier, A. Erbach, H. Ernst, H. Frankenbach, P.-H. Grimm, G. Graetz, H. Hoffer, E. Jazdzewski, J. Ch. D. Kirszenbaum, H. Kiwitz, St. Kohl, F. Masereel, C. Meffert, C. Remusat, F. Ritter, H. Rüsch, H. Sandberg, W. Schläger, P. E. Schulz (Pewas), Tom, W. Urban, K. Verch, G. Wagner, K. Werth, Wobst, H. Zille.

DER MASSKRUG
Ein Münchner Gefäß voll Zünftigkeit, Satyre, Scherz und Viecherei.
Verantw.: Michl Ehbauer.
München 1 (1924/25) 1–11.
L. Krainer, S. Feldmeier, G. Rheinen.

MEGGENDORFER BLÄTTER
Vorgänger: Der Guckkasten. München, Eßlingen 1 (1905) – 16 (1921).
Nachfolger: Fliegende Blätter ab 85 (1929).
München, Eßlingen 1 (1889) – 39 (1928).
C. J. Bauer, M. Claus, E. Croissant, E. Kirchner, *J. B. Maier,* E. H. Nunes, J. Mauder, K. Stirner.

NEUE REVUE
Berlin 1 (1930) – 3 (1932) 2.
P. Eng, M. Frischmann, E. Goltz, *O. Griebel, G. Grosz,* W. Herzberg, G. Holler, K. Holtz, E. Ohser, K. Rössing, H. Sandberg, W. Saul, O. Starke, K. Werth.

DAS NEUE RUSSLAND
Monatsschrift für Kultur- und Wirtschaftsfragen; seit 1927: Zeitschrift für Kultur, Wirtschaft und Literatur.
Hrsg.: Gesellschaft der Freunde des Neuen Rußland in Deutschland.
Berlin 1 (Nov. 1923/24) – 9. Nov. 1932.
Dolbin, J. Heartfield, K. Kollwitz, Misin, M. Oppenheimer, H. Vogeler.

PANOPTIKUM
Leipzig 1 (1928) 1–3.
O. Dix, *A. Erbach,* W. Faber, H. Gerner, H. Griebel, *H. Landwehrmann,* F. Masereel, A. Moor-Moskau, O. Pleß, W. Pohlenz, R. Schlichter, M. Schwimmer, Th. Steinlen, E. Wallenburger, F. Witz, C. F. Zalicz.

PAPRIKA
Die satirische Wochenschrift.
Berlin (1924) 1–6; (1925) 1.
W. Allonge, L. Ehrenberger, H. Frankenbach, H. Leiter, J. Löbenstein, Pinder, H. Zille.

DIE PEITSCHE
Düsseldorf (1924) 1–2.
W. Rinsch, *K. Schwesig, G. H. Wollheim.*

PFÄLZER SPOTTDROSSEL
Humoristische, satyrische, Ernstes, Heiteres und kritische Betrachtungen über Politik, Theater, Sport, Wanderungen usw.
Pirmasens 1 (1918) – 3 (1920) 93.

PHOSPHOR
Hrsg.: Friedrich Freksa.
München 1918–1919.
Bock, H. Deikwer, M. Eschle, G. Hentrich, H. Huber, O. v. Kursell, O. Linnekogel, T. Scharf.

PIERON
Gleiwitz (1920) 1 (Juli) – 1921.
Gottschlich, P. Halke, A. Johnson, H. Lindloff, A. Mirau, G. Mühlen-Schulte, F. Schön, K. Szafranski, W. Steinert, W. Trier, A. Wasner, F. Wolff, H. Zille.

DIE PILLE
Eine aktuelle, kritische, witzige, freche, unparteiische Wochenschrift.
Hrsg.: Bernhard Gröttrup.
Hannover 1 (1920) – 2 (1921) 49/50.
Ab 2 (1921) 29–42: Eine medi-zynische Wochenschrift.
H. Dikreiter.

DIE PILLE
Politisch-satirische Wochenschrift.
Hrsg.: Iwan Parlapanoff.
Leipzig (1919/20) 1–4.

DIE PLEITE
Illustrierte Halbmonatsschrift.
Hrsg.: Wieland Herzfelde.
Malik-Verlag, Berlin, Leipzig 1 (1920) 1–6, (1923) 7–12.
Nachfolger: Die Pleite als satirische Beilage von Der Gegner.
L. Dállos, G. Grosz, J. Heartfield, K. Holtz, *R. Schlichter.*

ROTE HAND
Satirisch-politisch parteiliche Zeitung.
Ab Jg. 2 Untertitel: Erste satirisch-politische illustrierte Wochenzeitung.
München 1 (1918/19) – 3 (1920/21).
Ost-Petersen.

ROTE POST
Mitgliederzeitung des Ortskartells; seit (1932) 7: Wochenzeitung für das werktätige Volk. Mitteilungsblatt der KPD und der revolutionären Organisationen; seit (1932) 21: Wochenzeitung für das werktätige Volk.
Berlin 1 (1931) – 3 (1933).
A. Beier-Red, S. Ék, R. Herrmann, O. Nerlinger, H. Rüsch, H. Sandberg, W. Saul, K. Werth.

DER ROTE SACHSENSPIEGEL
Satirische Arbeiterzeitung zur Landtagswahl 1926.
Leipzig 1926.
S. Ék, A. Frank, H. Rothziegel, R. Schlichter, J. Szilágyi.

DER ROTE STERN
Illustrierte Arbeiterzeitung.
Berlin 1924–1933.
B. Angeluschew, Ellis, J. Heartfield, Peri, R. Schlichter, G. Wagner, H. Vogeler.

180 Karl Rössing
Die mondäne Welt
Neue Revue (1931/32) 1

181 Gert H. Wollheim
Demokratie
Mit Gottes Hilfe und der Sozialdemokratie Ruhe und Ordnung geschafft. – Jetzt kann die Bande wählen. – Prost Stinnes!
Die Peitsche (1924) 1

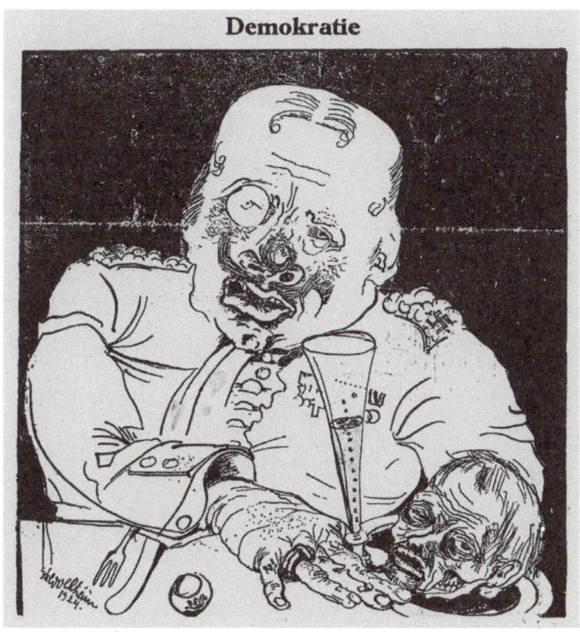

182 Hans Landwehrmann
Moderne Inquisition
Panoptikum (1928) 2

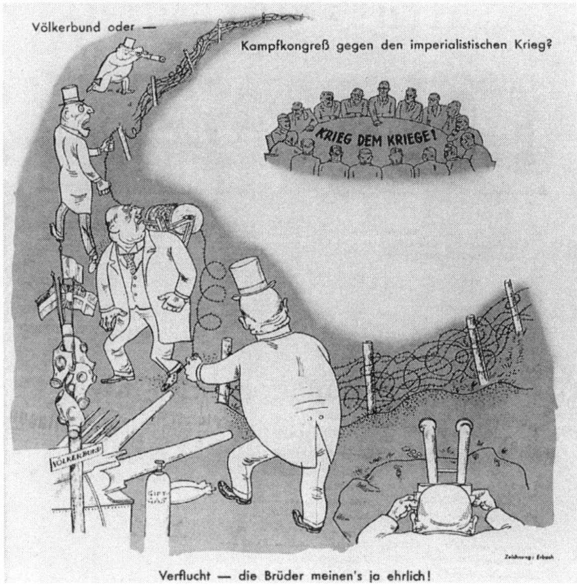

183 Alois Erbach
Völkerbund oder – Kampfkongreß gegen den imperialistischen Krieg? Verflucht – die Brüder meinen's ja ehrlich!
Roter Pfeffer (1932) 8

184 Josef Sauer
Auch mit dieser »Volksbelustigung« wird das Volk aufräumen . . .
Roter Pfeffer (1932) 1

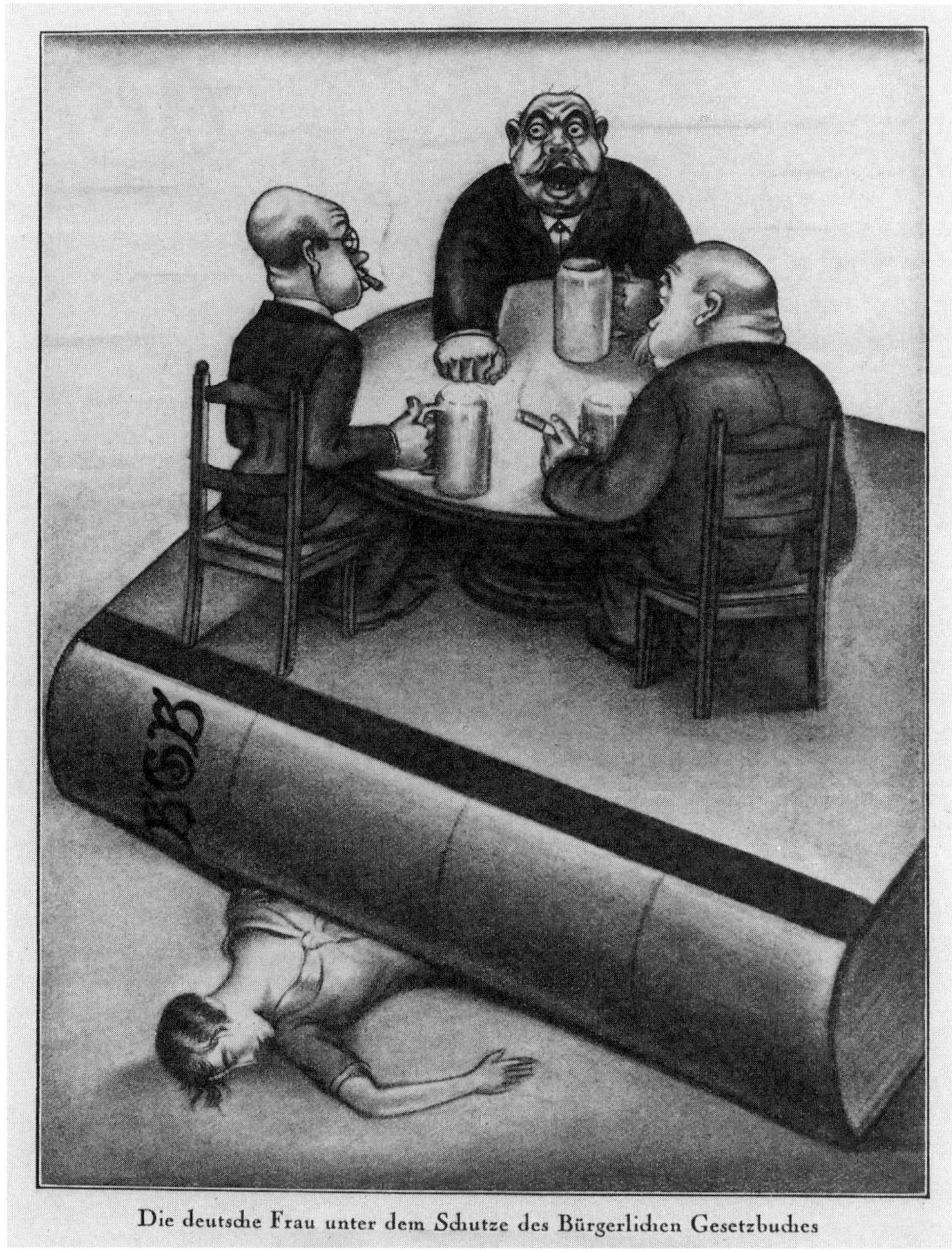

185 Charles Girod
Die deutsche Frau unter dem Schutze des Bürgerlichen Gesetzbuches
Uhu (1928/29) 9

186 Walter Trier
Der pornographische Dichter
Uhu (1926/27) 5

187 Sylvio de Mayo
Der Arzt im Nebenberuf
(Viele Aerzte sind gezwungen, einen Nebenberuf als Kellner, Diener und dgl. zu ergreifen)
»Falls sich der gnädige Herr schneidet: ich bin im Hauptberuf praktischer Arzt!«
Ulk (1923) 2

188 Willibald Krain
Modernes Kabarett
»Ich bin eine Dürr-ne!« Stimme im Publikum: »Frollein, det ham wa schcn jemorken!«
Ulk (1924) 23

„Ich bin eine Dürr—ne!"
Stimme im Publikum: „Frollein, det ham wa schon jemorken!"

189 Friedrich Gäbel
Preussischer Amtsrichter
– »Sind Sie Republikaner? – Falls ja – so kann ich auf Ihre Verteidigung verzichten!«
Ulk (1925) 29

— „Sind Sie Republikaner? — Falls ja — so kann ich auf Ihre Verteidigung verzichten!"

190 Hans Landwehrmann
Gedenke ...
»Unerhörte Zustände, daß man sich von solchem Gesindel duzen lassen muß!«
Der Wahre Jacob (1928) 5

„Unerhörte Zustände, daß man sich von solchem Gesindel duzen lassen muß!"

ROTER PFEFFER
Satirische Zeitschrift der KPD.
Berlin 5 (1932) – 6 (1933).
Vorgänger: Der rote Knüppel; Der Knüppel; Eulenspiegel.
B. Angeluschew, *A. Beier-Red*, K. Bittner, *A. Erbach*, S. Ék, F. Erpenbeck, O. Fischer, *R. Herrmann, Katzke,* H. Sandberg, *J. Sauer, W. Saul*, J. Szilágyi, G. Wagner, *K. Werth*.

SÄCHSISCHE ARBEITERZEITUNG (SAZ)
Tageszeitung der KPD für Westsachsen und das östliche Thüringen.
Hrsg.: KPD, Bezirk West-Sachsen.
Leipzig 4 (1924) – 13 (1933).
Vorgänger: Der rote Kurier; während des Verbots 1924: Der Völkerspiegel. Die Werktätigen.
B. Angeluschew, A. Beier-Red, H. Eggert, P. Eickmeier, S. Ék, A. Erbach, A. Frank, K. Holtz, H. Sandberg, J. Szilágyi, G. Wagner.

DER SATYR
Hrsg.: Alexis (d. i. Alexis Schleimer).
Berlin (1919) 1–42; (1920) 1–17.
Th. Leisser, J. Fenneker, R. Niczky, Schlattmann.

DER SCHARFRICHTER
Satyrische Streitschrift gegen alle.
Frankfurt/M. (1924) 1–3. L. Salini.

DIE SCHIEBUNG
Berlin (1919) 1–5.
P. Simmel, H. Zille.

DER SCHILDBÜRGER
Satirische Wochenschrift.
Würzburg (1922) 1–2.
H. Dikreiter, A. Knie.

SCHLEMIHL
Jüdische Blätter für Humor und Kunst.
Berlin 1 (1919/20) – 2 (1924).
M. Birnbaum, J. Höxter, F. J. Levi, L. Meerson, R. Szalit, L. Wronkow.

SEIFENBLASEN
Humoristische Zeitungsbeilage.
Leipzig (1919) 1–26.

SEKT
Blätter für fröhliche Laune.
Leipzig (1930) 1–9.

SIMPLICISSIMUS
München 1896–1944.
K. Arnold, E. Barlach, F. v. Bayros, H. Bing, R. Blix, M. Dudovich, *M. Frischmann, G. Grosz, O. Gulbransson*, *Th. Th. Heine*, L. Kainer, J. Pascin, B. Paul, C. O. Petersen, *K. Rössing, E. Schilling*, *W. Schulz*, *E. Thöny*, W. Trier, B. Wennerberg, *H. Zille*.

DIE SPOTTDROSSEL
Illustrierte humoristisch-satirische Kunstschrift.
Hrsg.: Ernst Warlitz.
Nürnberg 1 (1920) 1-3.

DER STACHEL
Verantw.: Paul Merker.
Berlin (1928) 1.

DAS STACHELSCHWEIN
Frankfurt/M. 1 (1924) – 3 (1926) 7; Berlin 4 (1927) – 6 (1929) 1/2.
L. Boris, F. Gareis, G. Grosz, K. Holtz, C. Josef, F. Knab, H. Reimann, O. Richter, P. Simmel, G. Wollheim.

TILL EULENSPIEGEL
Scherz, Satire, Ironie und tiefere Bedeutung.
Braunschweig (1919) 1: Eulenspiegel; (1919) 2–13: Braunschweiger Eulenspiegel.
H. Wilke.

DAS TRIBUNAL
Illustrierte Justizzeitung. Der rote Helfer; seit Jg. 2 ohne Untertitel; später: Organ für die Hilfe zur Unterstützung der politischen Gefangenen und ihrer Familien; später: Zentralorgan der Roten Hilfe Deutschlands gegen Faschismus, Klassenjustiz und weißen Terror.
Hrsg.: Rote Hilfe Deutschland.
Berlin 5 (1929) – 9 (1933): illegal fortgesetzt. Vorgänger: Der rote Helfer.
B. Angeluschew, A. Beier-Red, Bernath, K. Bittner, E. Eickmeier, S. Ék, S. Erbach, R. Herrmann, K. Kollwitz, F. Masereel, H. Sandberg, E. Schulz.

DIE TROMMEL
Hrsg.: Eduard Niggemeyer, Adolf Dresler (d. i. Roeseler).
Wien, München 1 (1924) 1–3.
H. Diebow, A. Roeseler, P. Neu.

DIE TROMMEL
Verantw.: Arthur Scholem.
Berlin (1919) 1–10.
Pitz und anonyme Arbeiten.

UHU
Das neue Ullstein-Magazin.
Berlin: 1 (1924) – 10 (1934) 9.
H. Abeking, F. Barlog, F. Christophe, *C. Girod*, Godal, G. Grosz, F. Eichenberg, K. Holtz, M. Koser, O. Linnekogel, H. v. Moellendorff, A. Schaefer-Ast, O. Schmalhausen, *W. Trier*.

ULK
Berlin 1871–(1933) 13.
Wochenbeilage zum Berliner Tageblatt.
F. Barlog, R. Berény, W. Beyer, *R. Blix*, Bücking, P. Busch, *F. Christophe*, Dodo, Dugo, *Duwdiwani,* I. Fenneker, M. Frischmann, *F. Gäbel,* R. Gerard, E. Glass, Godal, *G. Grosz, R. Großmann*, A. Gummitsch, C. Hachez, *R. Herrmann, W. Herzberg, G. Holler*, K. Holtz, *K. Hügelow, L. Juel, Jupo,* Kelen, F. Knab, Knabe, *M. Koser*, E. v. Kreibig, *W. Krain,* G. Kroh, *Th. Leisser,* L. Ludwig, J. Mammen, H. Marxen, F. Masereel, *S. de Mayo,* Melchior, H. Rewald, J. Ringelnatz, G. Russ, J. Sauer, A. Schäfer-Ast, R. Schlichter, *A. Stadler*, O. Starke, *W. Steinert, O. Theuer,* Valas, E. Wilke, *K. Werth*, F. Wolff.

DER WAHRE JACOB
Illustriertes humoristisch-satirisches Monatsblatt; seit 1927: Illustrierte Zeitschrift für Satire, Humor und Unterhaltung.
Hrsg.: J. W. Dietz Verlag.
Hamburg, Stuttgart, Berlin 1879 bis 1923; 1.7.1927–1933.
Vorgänger: Der Wahre Jacob, Hamburg. Nachfolger: Lachen links.
H. Baluschek, J. Belsen, *Bertsch,* M. Biro, M. Deiters, M. Eggert, A. Erbach, *A. Florath,* R. Herrmann, *K. Holtz*, A. Hub, *W. Krain*, *G. Kretzschmar, H. Landwehrmann*, O. Marquardsen, *O. Marcus,* C. Meffert, O. Nerlinger, E. Ohser, H. Sandberg, *W. Saul, A. Sigr.,* *W. Steinert*, G. Wagner, F. Wolff u. a.

WURSTBLATT
Humoristisch-satirisches Wochenblatt. Redaktion: Franz Neubaur.
Berlin (1919) 1–18.
Abeking, E. Lux, Mickelait, K. Schieder, H. Zille.

DIE ZEITLUPE
Verantwortlicher Redakteur: Erich Helm.
Leipzig (1931) 1–31.
Blaubach, Dalles, Erid, Gunthar, Hanno, Luzifer, Mjölnir, Rola.

ZICKZACK
Berlin (1924) 1–2.
J. Fenneker, E. Guntziger, W. Plantikow.

KURZBIOGRAPHIEN DER KARIKATURISTEN

Die folgenden biographischen Angaben beziehen sich auf Karikaturisten, die in diesem Buch genannt werden; sie dienen als eine Ergänzung zum Text, können auch unabhängig davon zum Nachschlagen genutzt werden. Jeweils wenige Lebens- und Entwicklungsdaten sollen den Werdegang der einzelnen Zeichner umreißen. Diese Daten lassen sich nicht für alle in gleichem Maße erbringen, womit auch hier die gegenwärtigen Grenzen der Forschungslage berührt werden.

Wenn zu einem Teil der aufgeführten Karikaturisten biographische Angaben bereits andernorts publiziert worden sind – zum Beispiel zu den Männern vom »Simplicissimus« oder zu proletarischen Künstlern –, trifft das für eine größere Zahl nicht zu, so daß der Leser hier manches finden kann, was ihm woanders nicht zugänglich ist.

Im fortlaufenden Text sind den aus der Sicht der Verfasser wichtigsten Künstlern jeweils eigene Abschnitte gewidmet, die Aussagen zu deren Themenfeld und Stil treffen. Dadurch ist es möglich, die dort und hier gemachten Angaben relativ leicht zusammen zu erfassen.

Die Daten verweisen darauf, daß beispielsweise etliche Zeichner aus der vorangegangenen Periode deutscher Karikaturgeschichte gekommen sind, andere erst nach der Zerschlagung des Faschismus ihre künstlerische Tätigkeit haben fortsetzen können. So wird auch an dieser Stelle die historische Verknüpfung der Karikatur der Weimarer Republik mit dem Vorher und dem Nachher deutlich. Außerdem wird ersichtlich, daß viele der genannten Karikaturisten nicht nur jeweils mit einer Zeitschrift verbunden gewesen sind, sondern gleichzeitig oder nacheinander für verschiedene Blätter gearbeitet haben. Zumeist sind sie dabei allerdings in einem bestimmten Meinungsspektrum verblieben. Im fortlaufenden Text dagegen werden sie im Zusammenhang mit derjenigen Zeitschrift, die für sie besonders bestimmend gewesen ist, genannt. Schließlich werden Auskünfte zur Ausbildung gegeben, was für den künstlerischen Standort der Zeichner nicht unwesentlich ist.

AB
siehe Beier-Red, Alfred

Abeking, Hermann
Graphiker und Plakatkünstler
1882–1939
In Berlin Mitarbeiter von »Das Wurstblatt« (1919), »Lachen links« (1924–1927) und »Eulenspiegel« (1930), auch tätig als Mitarbeiter des »Vorwärts«.

Aleus bzw. Aleus, Marc
siehe Erbach, Alois

Alex
kann Name oder Pseudonym eines Arbeiter-Karikaturisten (»Roter Pfeffer«) oder der tschechische Graphiker Adolf Jelinek, Pseudonym Alex, 1890–1957, sein.

Angeluschew, Boris
Pseudonyme: Fŭk, Bruno Fuck
Bulgarischer Maler und Graphiker
1902–1966
Der in Plovdiv geborene Angeluschew studierte seit 1924 an der Hochschule für Bildende Künste in Berlin bei F. Spiegel und H. Meid. Beeinflußt und geprägt wurde er durch die Arbeiten von K. Kollwitz und G. Grosz und durch die Teilnahme an den Kämpfen der deutschen Arbeiterklasse. Er trat der KPD bei und war Gründungsmitglied der Assoziation Revolutionärer Bildender Künstler Deutschlands (ARBKD). Unter seinen Pseudonymen veröffentlichte er revolutionäre Graphik in »Die Rote Fahne«, »Roter Pfeffer«, »Der Knüppel«, »AIZ« und anderen progressiven Presseorganen. Mit seiner politisch wirksamen Kunst hatte Angeluschew teil am Kampf gegen die drohende faschistische Gefahr. 1933 mußte er Deutschland verlassen, ging in die Schweiz und die Tschechoslowakei, wo er u. a. für die »AIZ« zeichnete. 1935 kehrte er nach Bulgarien zurück. Hier schloß er sich der Gruppe Neue Künstler an und stellte sein proletarisch-revolutionäres Schaffen in den Dienst der Heimat. Nach 1944 setzte er sich für den sozialistischen Aufbau in Bulgarien ein. Seine politischen Zeichnungen und Karikaturen in den Zeitungen »Rabotnitschesko delo«, »Strschel« u. a., seine Plakate und Buchillustrationen, sein populäres künstlerisches Schaffen waren ein wichtiger Beitrag zur Entwicklung der sozialistischen Kunst in Bulgarien.

Anger, Herbert
Karikaturist
Mitarbeiter von »Der Bücherkreis«, »Lachen links« , »Eulenspiegel«.

Arnold, Karl
Karikaturist und Graphiker
1883–1953
Der in Neustadt bei Coburg geborene Arnold begann als Musterzeichner für die Industrie. Studium an der Gewerbe- und Handelsschule Coburg und der Münchener Akademie. Begann als Karikaturist bei der »Jugend« in München und wurde 1907 für Jahrzehnte einer der Hauptzeichner des »Simplicissimus«. Daneben arbeitete er auch für die »Lustigen Blätter«. 1924 erschienen im Verlag des »Simplicissimus« die »Berliner Bilder«, eines der ersten Alben und Bücher, die ihn als kritischen Beobachter der Berliner Börsenjobber und Inflationsgewinnler auswiesen. Wie die meisten politischen Zeichner des »Simplicissimus« während des ersten Weltkrieges Propagandist für den Kaiser und ab 1933 Zeichner für die Nazis. Arnold starb in München.

Baluschek, Hans
Maler und Graphiker
1870–1935
Der in Breslau geborene Baluschek studierte in den Jahren von 1889 bis 1894 an der Akademie der Künste in Berlin. 1897 Mitglied der fortschrittlichen Künstlervereinigung Berliner Sezession, ab 1913 der Freien Sezession. 1920 schloß sich Baluschek der SPD an und schuf zwei seiner stärksten Arbeiten, das Gemälde »Zukunft« und die Lithographie »Proletarier«. Im folgenden Jahrzehnt entfaltete er eine vielfältige kulturpolitische Tätigkeit, war 1924 Vorsitzender der Großen Berliner Kunstausstellung, Zeichner und Illustrator an den Zeitschriften

191 Karl Arnold.
Selbstporträt.
Zeichnung.
In: Der freche Zeichenstift.
Berlin o. J. (1963). S. 39

192 Alfred Beier-Red.
Selbstporträt.
Zeichnung.
In: Der freche Zeichenstift.
Berlin o. J. (1963). S. 93

»Der Wahre Jacob«, »Kulturwille«, »Der Bücherkreis«, »Die Frauenwelt« u. a. Ab 1933 Ausstellungsverbot. Starb in Berlin.

Barlog, Ferdinand
Karikaturist
1895–1955
Der Berliner absolvierte 1912 die Königliche Kunstgewerbeschule, danach Mitarbeit am »Ulk« des »Berliner Tageblattes« und an den »Lustigen Blättern«. Arbeitete in der Weimarer Republik für alle Blätter des Ullstein-Verlages. Ab 1933 »unpolitischer« Mitläufer der Nazis. Nach 1945 Zeichner am »Frischen Wind« und an Zeitschriften in Berlin (West). Starb in Süd-Carolina.

Beier-Red, Alfred
Pseudonyme: AB, Red
Karikaturist und Pressezeichner
Geb. 1902
1917 bis 1921 Buchdruckerlehre in Berlin, seitdem politisch organisiert. 1923 Mitglied der KPD. 1927 bis 1930 Kunstgewerbeschule Berlin. 1928 Mitbegründer der Assoziation Revolutionärer Bildender Künstler Deutschlands (ARBKD), Mitarbeiter der KPD-Presse seit 1924, besonders an den Blättern »Die Rote Fahne«, »Eulenspiegel«, »Roter Pfeffer« und »Illustrierte Post«. Nach 1945 für die »Deutsche Volkszeitung« und das »Neue Deutschland« tätig.

Belsen, Jacobus
Russisch-deutscher Maler und Radierer
1870–?
Studierte an der Akademie in St. Petersburg. Zuletzt ansässig in Berlin, u. a. Zeichnungen für »Simplicissimus« und »Der Wahre Jacob«, wo neben sozialkritischen auch viele antikommunistische Arbeiten (Belsen war menschewistischer Emigrant) publiziert wurden. Sein Mappenwerk »Russische Winterbilder« (Radierungen) erschien 1922 in Berlin.

Berény, Robert
Ungarischer Maler, Plakatkünstler
1887–1953

Berény studierte in seinem Geburtsort Budapest an der Kunstgewerbeschule und seit 1905 an der Académie Julian in Paris. 1909 bis 1912 war er Mitglied der linksorientierten avantgardistischen ungarischen Künstlergruppe Nyolcak (»Die Acht«) und galt als eine der kühnsten Neuererpersönlichkeiten der Gruppe. Während der Ungarischen Räterepublik 1919 war er Mitglied des Direktoriums für Kunst und Museen. Er nahm Einfluß auf die Ausbildung der Künstler und schuf sein berühmtes Plakat »Zu den Waffen! Zu den Waffen!« 1919 emigrierte er nach Wien und lebte von 1920 bis 1926 in Berlin. Er schuf Illustrationen und Kulissenentwürfe, zeichnete für das »Berliner Tageblatt«, spielte in einem Orchester und komponierte auch selbst. 1922 wurde auf dem zweiten Musikabend der Novembergruppe ein Quartett von ihm mit großem Erfolg uraufgeführt. In diesen Jahren Vervollkommnung technischer Kenntnisse und Experimente auf dem Gebiet der Filmprojektion. Seit 1926 wieder in Budapest, ab 1948 Lehrer an der Hochschule für bildende Künste. Starb in Budapest.

Bertsch, (Karl?)
Österreichischer Lithograph und Gebrauchsgraphiker
1895–?
Mitarbeiter von »Der Wahre Jacob«.

Bi
siehe Bittner, Otto

Birkle, Albert
Maler und Graphiker
Geb. 1900
1918 noch zum Kriegsdienst eingezogen, 1919 Lehre als Dekorateur in der väterlichen Werkstatt. 1920 Besuch der Berliner Akademie, 1921 Mitglied des Vereins Berliner Künstler, 1923 jüngstes Mitglied der Berliner Sezession unter Lovis Corinth. 1926 lehnt er die Berufung zum ordentlichen Professor an die Akademie Königsberg ab. Mitarbeiter von »Lachen links«. 1936 sind zwölf Bilder von ihm auf der Biennale Venedig, 1938 kommen drei Bilder in die Ausstellung »Entartete Kunst«. 1939 bis 1945 Soldat, zeitweise freigestellt. 1946 Annahme der österreichischen Staatsbürgerschaft.

Bittner, Otto
Pseudonym: Bi
Österreichischer Karikaturist und Pressezeichner
1929 siedelte Bittner auf Veranlassung von Bruno Frei, Chefredakteur der Zeitung »Berlin am Morgen« (vorher »Welt am Abend«), nach Berlin über. In den folgenden Jahren zeichnete er für verschiedene Berliner Tageszeitungen und für »Arbeiter-Illustrierte-Zeitung» (AIZ), »Eulenspiegel«, »Roter Pfeffer«, »Das Tribunal«, »Magazin für alle«. In Vorträgen berichtete er über seine Reise in die Sowjetunion.

Blix, Ragnvald
Norwegischer Karikaturist
1882–1958
Veröffentlichte seit 1901 Karikaturen in verschiedenen norwegischen Witzblättern. 1903 Reise nach Holland, Belgien, Deutschland, Österreich, Italien, Schweiz. 1904 Ansiedlung in Paris und Karikaturen für »Le Journal«, »Le Rire«, »La vie parisienne« u.a. Von 1907 bis 1918 Mitarbeit am »Simplicissimus«, danach wieder in Oslo ansässig. Zeichnete auch unter dem Pseudonym Stik Höök. War Th. Th. Heine während dessen Emigrationszeit ein freundschaftlicher Helfer.

Böff bzw. Boeuf
siehe Grosz, George

Boese, H.
Karikaturist. Mitarbeiter vom »Faun«.

Bombinator
siehe Holtz, Karl

Braun, M(aria?)
Malerin und Karikaturistin
1896–1950
Mitarbeiterin des »Eulenspiegel«.

Christophe, Franz
Österreichischer Karikaturist
1875–?
Kam nach dem Eingehen der satirischen Zeitschrift »Narrenschiff« (1898) als Zeichner zu den »Lustigen Blättern«, arbeitete später auch für den »Ulk«.

Dállos, László
Pseudonym: Griffel
Ungarischer Pressezeichner und Karikaturist
1896–1937
Hochschule für bildende Künste Budapest, Kontakt mit fortschrittlichen Persönlichkeiten des gesellschaftlichen Lebens. Aktiver Teilnehmer der Ungarischen Räterepublik. Lebte von 1920 bis 1927 als Emigrant in Deutschland. Begann mit Zeichnungen für »Die Pleite«, ständiger Mitarbeiter des »Knüppel« und der »Roten Fahne«. Beteiligt an der »Roten Gruppe«. 1927 Übersiedlung in die Sowjetunion, weitere Mitarbeit am »Eulenspiegel«. Kehrte Mitte der dreißiger Jahre krank in seine Heimat zurück und verstarb dort einige Zeit später.

Dudovich, Marcello
Italienischer Werbegraphiker und Karikaturist
1878–1962
Begann mit Werbeplakaten in Mailand, von 1899 bis 1905 in Bologna, schuf »avvis figurati« (figurative Plakate). Von 1911 bis 1914 in München, seit dieser Zeit Mitarbeiter des »Simplicissimus«. 1920 bis 1930 beispielhafte Werbezeichnungen, die das Ansehen des italienischen Art Déco mitbestimmten.

Duvdiwani
siehe Kirszenbaum, Jecheskiel Chaskiel Dawid

Ehrenberger, Ludwig Lutz
Karikaturist und Humorzeichner
1905–1939
Mitarbeiter der »Jugend«, der »Lustigen Blätter«, von »Lachen links« und »Paprika«.

Eickmeier, Peter Paul
Karikaturist, Graphiker, Pressezeichner
1890–1962
Geboren in Neuwied/Rheinland, Sohn eines Walzwerkers. Mit 16 Jahren zum ersten Mal arbeitslos. Dreijährige Wanderschaft durch Deutschland und Österreich-Ungarn. 1911 kam er nach Berlin, arbeitete zuerst als Hilfsmonteur und nach dem Militärdienst (1914 bis 1918) als Elektromonteur. Er besuchte die Sozialdemokratische Arbeiterbildungsschule und ab 1918 künstlerische Abendschulen. 1919 Mitglied der USPD, trat 1922 in die KPD über. Im gleichen Jahr erschien seine Mappe »Wir klagen an ...« (sechs Lithographien). Ab 1925 mit Pressezeichnungen und Karikaturen für Zeitungen und Zeitschriften der KPD, und zwar »Die Rote Fahne«, den »Knüppel«, »Die Welt am Abend«, »Die Rote Post«, »Die Arbeiterin«, »Die Kämpferin«, den »Arbeitersender«, den »Roten Pfeffer«. Arbeitete außerdem für die Agitprop-Abteilung des Zentralkomitees der KPD und für die Rote Hilfe. Der Assoziation Revolutionärer Bildender Künstler Deutschlands (ARBKD) gehörte er seit deren Gründung an. 1933 bis 1945 illegale Arbeit als Mitglied der antifaschistischen Saefkow-Gruppe. Verlor seine Werke 1943 durch Bombenangriffe. Nach 1945 Mitarbeiter der demokratischen Presse u.a. »Frischer Wind«. Starb in Berlin.

Ék, Sándor (eigentlicher Name: Sándor Leicht)
Pseudonym: Alex Keil
Ungarischer Graphiker, Pressezeichner, Plakatgestalter und Maler
1902–1975
Geboren in Szentmihályfa, ab 1915 Arbeit in einer mechanischen Werkstatt, während der Ungarischen Räterepublik 1919 Besuch einer proletarischen Kunstschule. Nach der Niederschlagung der Räterepublik Emigration über Wien und Moskau nach Berlin (1922). Mitglied der KPD, entwarf viele Plakate und schuf viele Zeichnungen/Karikaturen für »Die Rote Fahne«. 1933 emigrierte Sándor Ék in die Sowjetunion, wo er bis 1945 als Plakatgestalter und Sekretär des Internationalen Büros revolutionärer Künstler

arbeitete. Nach der Befreiung seines Heimatlandes vom Faschismus kehrte er nach Ungarn zurück und lehrte an der Budapester Hochschule für bildende Künste. Starb in Budapest.

Er
siehe Erbach, Alois

Erbach, Alois
Pseudonyme: Aleus, Marc Aleus, Er
Maler, Graphiker, Karikaturist
1888–1972
Geboren in Wiesbaden, Lehre als Schlosser und Vermessungstechniker. 1908 Studium an der Kunstgewerbeschule in München, Freundschaft mit John Heartfield. Nach dem Weltkrieg im Kreis von Grosz, Heartfield und Schlichter in Berlin, Mitarbeiter der »Pleite« und des »Knüppel«, Mitglied der Roten Gruppe, der Assoziation Revolutionärer Bildender Künstler Deutschlands (ARBKD) und der Gruppe Die Zeitgemäßen. Ab 1926/27 Mitarbeiter des Agitprop-Ateliers des Zentralkomitees der KPD im Berliner Karl-Liebknecht-Haus. Erbach schuf vor allem satirische Zeichnungen und Aquarelle für die Zeitschriften »Der Wahre Jacob«, »Eulenspiegel, »Roter Pfeffer«, »Panoptikum«, »Götz von Berlichingen«, »Magazin für alle«, »Sächsische Arbeiter-Zeitung« sowie zahlreiche Plakate für die »Internationale Arbeiterhilfe« (IAH). Er übersiedelte später nach Paris und während der Nazizeit lebte er auf Mallorca. Erbach starb in Wiesbaden.

Florath, Alois
Graphiker und Karikaturist
? –um 1955
Mitarbeiter der Zeitschriften »Lachen links«, »Eulenspiegel«, »Ulk«, »Jugend«. Hauptbetätigungsfeld war die sozialdemokratische Presse, insbesondere der »Vorwärts« und die Kinderbeilage »Der Spatz«. Hatte 1933 Berufsverbot und konnte nur noch gelegentlich humoristische Zeichnungen veröffentlichen. Am 30. Januar 1933 aus dem Verband der Pressezeichner ausgeschlossen. Florath, der kaum Verdienstmöglichkeiten in der Nazizeit hatte, wurde unterstützt von seinem Bruder, dem Schauspieler Albert Florath, und von Erich Ohser (e. o. plauen). 1936 Aufenthalt in Prag und Kopenhagen, kehrte jedoch nach Deutschland zurück. Starb in Berlin (West).

Frischmann, Marcel
Karikaturist und Graphiker
1900–1952
Der gebürtige Lemberger kam 1904 nach Berlin. Orlik-Schüler. 1926 übersiedelte er nach München, bis 1933 ständiger Mitarbeiter des »Simplicissimus«, außerdem Arbeit für den »Querschnitt«, den »Uhu« und das »Berliner Tageblatt«. 1933 Emigration nach Frankreich, Dänemark, Belgien, Australien und England. Von 1933 bis 1937 Arbeit an einem Zeichentrickfilm. Frischmann hatte in der Emigration als Staatenloser kaum künstlerische Arbeitsmöglichkeiten. Erlag 1952 in London einem Herzleiden.

Fuck, Bruno
siehe Angeluschew, Boris

Fŭk
siehe Angeluschew, Boris

Gäbel, Friedrich
Pseudonym: Tyll
Karikaturist und Pressezeichner
Geb. 1901
Mitarbeiter am »Ulk«, am »Kreuz- und Querschnitt« und anderen Zeitungen und Zeitschriften, wurde nach 1961 noch in Berlin als aktiver Pressezeichner gewürdigt.

Garvens, Oskar
Bildhauer und Karikaturist
1874–1951
Studium an den Akademien in München und Berlin. Seit 1919 Beschränkung auf politische Zeichnungen. Hauptmitarbeiter des »Kladderadatsch«. Schuf Reliefs für das Neue Rathaus in Hannover.

Geis, Josef
Karikaturist und Zeichner
Mitarbeiter der »Fliegenden Blätter«.

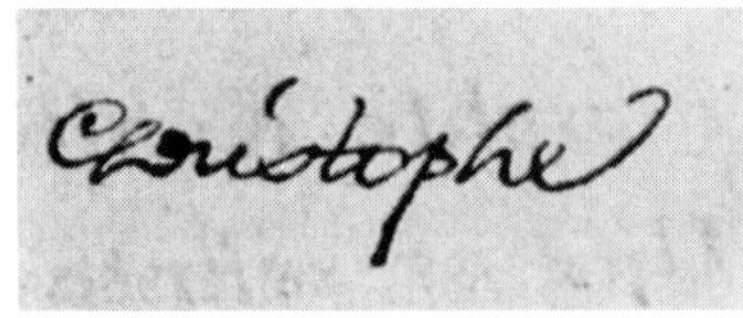

193 Signum von **Christophe**

194 Signum von **Erbach**

195 Signum von **Florath**

196 George Grosz.
Selbstporträt.
Zeichnung.
In: Lothar Lang. George Grosz. (Klassiker der Karikatur 19). Berlin 1979. S. 43

Geowil
siehe Wilke, Georg

Girod, Charles
Maler und Gaphiker
1897–1945
Der aus Ostpreußen stammende Girod studierte 1915 bis 1919 an der Akademie in Königsberg. Seit 1923 ständiger Mitarbeiter der »Berliner Illustrierten Zeitung« und des Magazins »Uhu«, seit 1926 Mitarbeiter an »Arbeiter-Illustrierte-Zeitung« (AIZ), »Eulenspiegel«, »Roter Pfeffer«. Trat vermutlich 1928 der KPD bei. Seine Zeichnungen insbesondere für den »Eulenspiegel« lassen sich als antikapitalistisch und antifaschistisch einschätzen. Ab 1933 Mitarbeit an NS-Zeitschriften. 1948 wurden Arbeiten von ihm in einer Westberliner Karikaturenausstellung gezeigt.

Griebel, Otto
Maler und Graphiker
1895–1972
Der aus Meerane (Sa.) stammende Griebel studierte ab 1909 an der Königlichen Zeichenschule, später an der Kunstgewerbeschule Dresden. Während des Studiums lernte er O. Dix und G. Grosz kennen. Ab 1915 Soldat, er nahm 1918 an den revolutionären Kämpfen des deutschen Proletariats teil und wurde in einen Soldatenrat gewählt. 1919 erfolgte sein Eintritt in die KPD und der Anschluß an die Novembergruppe. Bis 1922 studierte Griebel an der Dresdener Akademie bei R. Sterl. Seit Beginn der zwanziger Jahre arbeitete er künstlerisch und politisch für die kommunistische Presse, die Internationale Arbeiterhilfe, die Rote Hilfe und in der Erwerbslosenbewegung Dresdens. Er beteiligte sich am bewaffneten Aufstand gegen den Kapp-Putsch und war 1921 als Leuna-Kurier im Mitteldeutschen Aufstand tätig. 1924 war er Mitbegründer der »Roten Gruppe« und beteiligte sich mit 13 Werken an der »Ersten Allgemeinen Deutschen Kunstausstellung« in der Sowjetunion. 1933 wurde Griebel von der Gestapo verhaftet und nach der Entlassung unter Poli-

zeiaufsicht gestellt. Viele seiner Werke, als »entartet« beschlagnahmt, verbrannten die Faschisten 1939. Ein weiterer Teil seiner Arbeiten ging durch den Terrorangriff auf Dresden am 13. Februar 1945, der sein Atelier zerstörte, verloren. Griebel war nach 1945 u. a. kunsterzieherisch und kulturpolitisch in seiner Heimatstadt tätig und beteiligte sich an allen wesentlichen DDR-Ausstellungen.

Griffel
siehe Dállos, László

Grossmann, Rudolf
Maler, Illustrator, Porträtkarikaturist
1882–1941
Grossmann, gebürtig aus Freiburg i. B., stammte aus einer Malerfamilie, fiel jedoch bei den Aufnahmeprüfungen an den Akademien in Karlsruhe und Düsseldorf durch. Ging 1925 nach Paris und gehörte dort acht Jahre lang zur Künstler-Boheme. Nach einigen Reisejahren wurde er in Berlin seßhaft. Hielt zahlreiche Vertreter der künstlerischen Prominenz in Porträtkarikaturen fest, die meistens im »Querschnitt« erschienen, auch Mitarbeiter des »Ulk« und anderer Blätter.

Grosz, George (Georg Ehrenfried)
Pseudonyme: Böff, Boeuf
Graphiker, Maler, Bühnenbildner und Schriftsteller
1893–1959
Grosz, gebürtiger Berliner, studierte 1909 bis 1911 an der Dresdener Akademie bei Richard Müller, danach in Berlin bei Emil Orlik. Dezember 1918 gemeinsam mit John Heartfield, Wieland Herzfelde und Erwin Piscator Eintritt in die gerade gegründete KPD. 1919 Mitbegründer der politisch-satirischen Zeitschriften »Die Pleite« und »Der blutige Ernst«, was auch den Beginn der Zusammenarbeit mit den Brüdern Heartfield/Herzfelde bedeutete. Schuf Graphikmappen und Buchumschläge für den Malik-Verlag. 1920 erster Prozeß wegen »grober Verunglimpfung des Reichsheeres« in der Mappe »Gott mit uns«. 1922 mit M. Andersen Nexö sechs Monate in der Sowjetunion. 1924 Vorsitzender der »Roten Gruppe«, Vereinigung kommunistischer Künstler. 1924 zweiter Prozeß wegen »unzüchtiger Abbildungen« in »Ecce Homo«. 1928 Anklage wegen Gotteslästerung in der Folge »Hintergrund«. 1932 Gastdozent in den USA, Anfang 1933 Emigration dorthin. 285 seiner Arbeiten wurden von den Faschisten als »entartete Kunst« aus den Museen entfernt. Grosz kehrte erst 1959 nach Berlin (West) zurück.

Gü
siehe Wagner, Günther

Gulbransson, Olaf
Maler und Zeichner
1873–1958
Der Norweger Gulbransson lebte ab 1902 in München, wohin er auf Einladung Albert Langens kam, hatte schon vorher Arbeiten in der satirischen Presse veröffentlicht. Teilhaber des »Simplicissimus« und einer seiner wichtigsten Mitarbeiter, schuf auch für die »Jugend« Titelblätter und Karikaturen. Von 1923 bis 1927 in Norwegen und Mitarbeiter von »Tidens Tegn«, ließ die Verbindung zum »Simplicissimus« aber nie abreißen. Professor, Herausgeber und Illustrator diverser Alben und Bücher (u. a. Ludwig Thoma). Zeichnete gegen Wilhelm II. bis zum ersten Weltkrieg und von 1914 bis 1918 für das Kaiserreich, gegen die Reaktion und die Nazis bis 1933 und für sie ab 1933. Unterhielt enge Verbindungen zu Nazigrößen und erwies sich als Renegat. Starb 1958 in Scheverhof am Tegernsee.

Hahmann, Werner
Maler und Graphiker
1883– ?
Studium an den Akademien in Dresden und München, Weiterbildung in Paris. Stellte das Pariser Leben satirisch dar. Seit 1914 Mitarbeiter des »Kladderadatsch«.

Heartfield, John
Pseudonym für Helmut Herzfeld (Aus Protest gegen Chauvinismus)

197 Olaf Gulbransson.
Zeichnung von Thomas Theodor Heine.
In: Lothar Lang. Thomas Theodor Heine. (Klassiker der Karikatur 1). Berlin 1984. S. 117

198 Thomas Theodor Heine.
Unbekannter Zeichner.
In: Der freche Zeichenstift. Berlin o. J. (1963). S. 17

Fotomonteur, Graphiker, Buchgestalter, Bühnenbildner
1891–1968
In Berlin gebürtiger Sohn des Schweizer Schriftstellers F. Herzfeld (Franz Held). Nach Buchhändlerlehre 1909 bis 1912 Studium an der Kunstgewerbeschule München. 1913/14 in Berlin an der Kunst- und Handwerkerschule. 1917 Mitbegründer und Graphiker des Malik-Verlages. 1918 KPD-Mitglied. Gestaltung der Zeitschrift »Die Pleite«, erste Fotomontagen für den »Knüppel«, 1927 bis 1938 regelmäßig Fotomontage-Ganzseiten für die »Arbeiter-Illustrierte-Zeitung« (AIZ). 1933 Flucht nach Prag und 1938 Emigration nach England. 1950 Rückkehr in die DDR, hier vor allem Arbeit für Verlage und Bühnen. Heartfield ist der Schöpfer der künstlerischen Fotomontage, die er aus den spielerischen Anfängen der »Dada«-Mode zu einem höchst wirkungsvollen Instrument der politischen Agitation entwickelte.

Heiligenstaedt, Kurt
Karikaturist
1890–1964
Mitarbeiter des »Simplicissimus« und einer der Hauptmitarbeiter der »Lustigen Blätter«.

Heine, Thomas Theodor
Karikaturist und Graphiker
1867–1948
Ausbildung auf der Kunstakademie in Düsseldorf. In München Mitarbeiter der »Fliegenden Blätter«, wechselte 1896 zum »Simplicissimus« über, dessen Gestaltung er als Zeichner, Redaktionsmitglied und Teilhaber wesentlich mitbestimmte, gelegentlich auch Mitarbeiter der »Jugend« und anderer Blätter. 1933 Emigration nach Schweden.

Hermann (auch Herrmann), Rudolf
Pseudonym: Ruhe
Karikaturist
Stammte aus Österreich, Mitarbeiter u. a. von »Illustrierte Neue Welt«, »Das Tribunal«, »Rote Post«, »Klassenkampf«, »Eulenspiegel«, »Roter Pfeffer«, »Die Junge Garde«, »Die Rote Fahne«, »Der Wahre Jacob«,

»Ulk«. Hauptzeichner bei »Die Ente«. Während der Nazizeit in Österreich als Kurzwarenverkäufer. Nach 1945 Karikaturen bei »Neues Österreich«, später bei KPÖ-Zeitungen.

Herzberg, Walter
Mitarbeiter des »Ulk« und der »Neuen Revue«.

Holler, Gerhard
Mitarbeiter von »Lachen links« und »Ulk«.

Holstein, (Franz?)
Maler und Gebrauchsgraphiker
1896–?
Mitarbeiter der »Lustigen Blätter«.

Holtz, Karl
Pseudonyme: zyx, Bombinator
Karikaturist und Graphiker
1899–1978
Studium 1914 bis 1919 bei Emil Orlik. Schon seit 1916 zeichnerische Mitarbeit an »Ulk«, »Lustige Blätter« und »Wieland«. Nach der Novemberrevolution 1918 Arbeit für die gesamte linke Presse: »Freie Welt«, »Die Rote Fahne«, »Die Pleite«, »Der Gegner«, »Eulenspiegel«, »Die Ente«. Ab 1924 Hauptzeichner bei »Lachen links« und »Der Wahre Jacob«. 1933 Berufsverbot. 1946 bis 1949 einer der Hauptmitarbeiter des »Ulenspiegel«. In den fünfziger und sechziger Jahren Zeichner des karikaturistischen Wochenblattes »Eulenspiegel«.

Hügelow, Kurt
Mitarbeiter von »Lachen links« und »Ulk«.

Johnson, Arthur
Amerikanischer Landschafts-, Bildnis- und Genremaler, Karikaturist
1874–1954
Besuchte 1893 die Akademie der Künste in Berlin, seit 1906 bis zu seinem Eingehen 1944 Mitarbeiter des »Kladderadatsch«.

Joli
siehe Szilágyi, Jolán

Juel, Lisbet
Mitarbeiterin des »Ulk«.

199 Karl Holtz.
Wahrscheinlich Selbstporträt.
Zeichnung.
In: Wolfgang U. Schütte. Karl Holtz. (Klassiker der Karikatur 21). Berlin 1983. S. 3

200 Signum von **Jupo**

201 Signum von **Saul**

Jupo
siehe Potzernheim

Kabisch, Kurt Walter
Mitarbeiter des »Ulk«.

Katzke
Mitarbeiter des »Roten Pfeffer« und der »Illustrierten Neuen Welt« (1932).

Keil, Alex
siehe Ék, Sándor

Kirszenbaum, Jecheskiel Chaskiel Dawid
Pseudonym: Duvdiwani, Duwdiwani
Polnischer Maler und Graphiker
1900–1954
1920 kam Kirszenbaum, gebürtig aus Staszów, nach Deutschland. Um sein Studium zu finanzieren, arbeitete er drei Jahre in einer westfälischen Kohlengrube. Seit 1923 studierte er am Bauhaus in Weimar bei W. Kandinsky und P. Klee. 1925 übersiedelte er nach Berlin, wo er Mitglied der Assoziation Revolutionärer Bildender Künstler Deutschlands (ARBKD) und der KPD wurde. Er zeichnete für die Arbeiterpresse, so den »Roten Pfeffer«, das »Magazin für alle«, auch für den »Ulk« und den »Querschnitt«. Seine Zeichnungen und Druckgraphiken signierte er wie seine Illustrationen mit Duvdiwani, während er in den ARBKD-Materialien unter dem Namen Kirschenbaum erscheint. Seit 1933 lebte Kirszenbaum in Paris. Die Mehrzahl seiner Werke ging in Frankreich während des Krieges verloren. Starb in Paris.

Koser, Martin
Mitarbeiter des »Ulk«.

Kossatz, Hans Ewald
Karikaturist und Illustrator
1901-1987
Mitarbeiter von »Kulturwille«, »Lachen links«, ab 1933 Mitläufer der Nazis. Lebte nach 1945 in Berlin (West) als Karikaturist und Illustrator (u. a. ein Buch mit Hildegard Knef).

Krain, Willibald
Maler, Zeichner, Karikaturist
1886–1945
Ausbildung an der Akademie für Kunst- und Kunstgewerbe in Breslau (Wrocław) sowie an der Akademie in München. Veröffentlichte u. a. graphische Zyklen mit sozialer und pazifistischer Thematik, so »Nie wieder Krieg«, Berlin 1924, Mitautor der Mappe »Krieg« (sieben Lithographien von O. Dix, G. Grosz, K. Kollwitz, O. Nagel, R. Schlichter, H. Zille), 1924. Mitarbeiter des »Wahren Jacob« und von »Lachen links«, des »Ulk«, der »Jugend« u. a. Zeitschriften.

Krause, Willi
Mitarbeiter der »Lustigen Blätter«.

Kretzschmar, Georg
Maler und Graphiker
1888–1970
Mitarbeiter der »Neuen Revue« u. a. Blätter.
Studierte an der Akademie für Graphische Künste und Buchgewerbe in Leipzig, als Maler allerdings vorwiegend Autodidakt. Arbeitete für linke Verlage wie Richard Lipinski (Arbeiterpostkarten), Roter Türmer Verlag, beide Leipzig. Beteiligte sich an der 2. Leipziger Kunstausstellung 1932 und an der Ausstellung »500 Jahre Kunst in Leipzig« 1965. Arbeiten von ihm im Museum der bildenden Künste Leipzig. Kretzschmar lebte in Mölkau bei Leipzig.

Landwehrmann, Hans (auch A.)
Vermutlich ein Pseudonym.
Mitarbeiter von »Der Bücherkreis«, »Der Wahre Jacob«, »Lachen links«, »Panoptikum«.

Lange-Christopher, Kurt
Mitarbeiter des »Wahren Jacob«, der »Ente« sowie der linken Tagespresse.

Leicht, Sándor
siehe Ék, Sándor

Leisser, Theodor
Mitarbeiter von »Pieron«, »Satyr« und »Ulk«.

Madrass
Mitarbeiter der »Lustigen Blätter«.

Maier, Johannes B.
Maler und Holzbildhauer
1899–?
Mitarbeiter der »Meggendorfer Blätter«.

Marcus, Otto
Maler und Illustrator
1863–1952
Geboren in Malchin. Ausbildung an den Akademien in Wien, München und Paris, ließ sich 1889 in Berlin nieder. Von 1901 bis 1927 Lehrer an der Unterrichtsanstalt des Kunstgewerbemuseums Berlin sowie an den Vereinigten Staatsschulen für freie und angewandte Kunst. Malte u. a. große Wandbilder, Zeichner für »Der Wahre Jacob«.

Mayo, Sylvio de
Mitarbeiter des »Brummer«, des »Dorfbarbier« und des »Ulk«.

Ohser, Erich
Pseudonym: e. o. plauen
Karikaturist
1903–1944
Als Sohn eines Zollbeamten in Adorf im Vogtland geboren, 1907 Übersiedlung nach Plauen. Nach Volks- und Seminarübungsschule von 1917 bis 1920 Schlosserlehre, Gesellenprüfung. Von 1920 bis 1927 Studium an der Akademie für Graphische Künste und Buchkunst, Leipzig, Freundschaft mit Erich Knauf, erst Redakteur der »Plauener Volkszeitung« und später Lektor der Büchergilde Gutenberg, und Erich Kästner. 1928 Übersiedlung nach Berlin. Mitarbeiter an der Zeitschrift der »Büchergilde«, dem »Querschnitt« und dem »Vorwärts«. 1934 Ausschluß – und damit faktisch Berufsverbot – aus dem Fachausschuß der Pressezeichner im Reichsverband der Deutschen Presse. 1937 erscheint unter dem Pseudonym e. o. plauen in der »Berliner Illustrierten« eine Serie »Vater und Sohn«. Ab 1940 politische Karikaturen in der Wochenzeitung »Das Reich«. 1944 werden Ohser und Knauf denunziert und verhaftet. Ohser nimmt sich am Abend vor der Verhandlung vor dem Volksgerichtshof in Berlin-Moabit das Leben. Knauf wird am darauffolgenden Tage zum Tode verurteilt.

Petersen, Carl Olaf
Schwedischer Maler und Holzschneider
1880–1939
Lebte lange Zeit in Dachau bei München, Mitarbeiter von »Jugend«, »Simplicissimus«, »Der lachende Landser«.

Pjotr
siehe Wagner, Günther

plauen, e.o.
siehe Ohser, Erich

Potzernheim (Julius?)
Pseudonym: Jupo
Karikaturist
Mitarbeiter von »Ulk«, »Lachen links«, »Die Ente« u.a. Blättern.

Proleteus
siehe Wronkow, Ludwig

Red
siehe Beier-Red, Alfred

Rössing, Karl
Österreichischer Maler und Graphiker
1897–1987
Der in Gmunden/Österreich geborene Rössing studierte von 1913 bis 1914 an der Münchener Kunstgewerbeschule bei F. H. Ehmcke. 1917/18 Militärdienst. 1917 erste Holzstich-Illustrationen. Bis in die 50er Jahre entstand ein umfangreiches Illustrationswerk. 1922 erhielt er eine Berufung an die Kunstgewerbeschule Essen, anschließend eine Professur an der Folkwang-Schule. 1931 entstand sein »Literaturalphabet« (17 Holzstiche), im gleichen Jahr auch Mitarbeit an der »Neuen Revue« und am »Eulenspiegel«, 1932 »Mein Vorurteil gegen diese Zeit« (100 Holzstiche), Mitarbeit an »Arbeiter-Illustrierte-Zeitung« (AIZ), Aufenthalt in Rom. Seit 1934 ständiger Wohnsitz in Berlin, Lehrer an der Staatlichen Hochschule für Kunsterziehung. Bei einem Bombenangriff 1944 Vernichtung vieler seiner Arbeiten. 1953 Übersiedlung nach Stuttgart, 1960 nach München.

Rost, Richard
Mitarbeiter der »Jugend«, Schüler von Karl Arnold.

Ruhe
siehe Hermann, Rudolf

Sauer, Josef
Maler und Graphiker
1893–1967
Sauer studierte an der Staatsschule für angewandte Kunst in Nürnberg, unternahm mehrere Studienreisen, so 1927 nach Paris. Mitglied der KPD und der Ortsgruppe Berlin der Assoziation Revolutionärer Bildender Künstler Deutschlands (ARBKD). Arbeitete als Karikaturist für »Eulenspiegel«, »Roter Pfeffer«, »Kulturwille«, »Ulk«. Lebte als Graphiker in der BRD und arbeitete für »Der Simpl« und die kurzlebige Neugründung »Simplicissimus«.

Saul, Werner
Pseudonym: Suwal
Graphiker
Saul war Mitglied der Berliner Ortsgruppe der Assoziation Revolutionärer Bildender Künstler Deutschlands (ARBKD). Gehörte zu den Mitarbeitern der Agitprop-Ateliers im Karl-Liebknecht-Haus. Zeichnete für mehrere Berliner Zeitungen und Zeitschriften wie »Rote Post«, »Die Ente«, »Eulenspiegel«, »Der Wahre Jacob«, »Die Welt am Abend«, »Neue Revue«. Trat auch als Schnellzeichner mit dem Arbeiterkabarett »Die Wespen« auf.

Schilling, Erich
Karikaturist
1885–1945
Der gebürtige Suhler kam 1908 zum »Simplicissimus« und war einer der nahezu in jeder Nummer gedruckten Karikaturisten. Seine anklägerischen Arbeiten publizierte er auch im »Wahren Jacob« und in der »Arbeiter-Illustrierte-Zeitung« (AIZ). Zeichnete ab 1933 für die Nazis, die er bis dahin mit dem Zeichenstift bekämpft hatte. Schied freiwillig aus dem Leben.

Schleifer, Leon
Karikaturist und Pressezeichner
Schleifer, der auch gelegentlich mit Leon Schleifer, L. Schleifer oder nur mit dem Nachnamen signierte, publizierte in den Tageszeitungen »Berlin am Morgen« und »Die Welt am Abend« sowie in »Lachen links«.

Schlichter, Rudolf
Maler, Graphiker und Illustrator
1890–1955
Der gebürtige Calwer studierte von 1907 bis 1910 an der Kunstgewerbeschule in Stuttgart, von 1910 bis 1916 an der Akademie in Karlsruhe. Mitbegünder der Novembergruppe und des Dadaismus und 1924 der »Roten Gruppe«. Lebte von 1919 bis 1932 in Berlin als politischer Karikaturist der linksgerichteten Zeitungen und Zeitschriften »Pleite«, »Knüppel«, »Eulenspiegel«, »Die Rote Fahne«, »Welt am Montag«, »Arbeiter-Illustrierte-Zeitung« (AIZ), publizierte auch im »Querschnitt« und im »Panoptikum«, Leipzig 1928. Im gleichen Jahr wurde er Mitglied der Assoziation Revolutionärer Bildender Künstler Deutschlands (ARBKD). Schlichter starb in München.

Schmalhausen, Otto
1890–1950
Karikaturist
Mitarbeiter von »Der Gegner«, »Der Knüppel«, »Das Wort« (Halle, Merseburg).

Scholz, Georg
Maler und Graphiker
1890–1945
Scholz, geboren in Wolfenbüttel, studierte an der Karlsruher Akademie u. a. bei H. Thoma und W. Trübner, war seit 1918 in Grötzingen bei Karlsruhe ansässig. 1919 wurde er Mitglied der KPD, schloß sich der Novembergruppe an und gründete mit R. Schlichter und K. Hubbuch die Gruppe »Rih« in Karlsruhe. Er gehörte in der ersten Hälfte der zwanziger Jahre zu den gesellschaftskritischen Veristen um O. Dix und G. Grosz und zeichnete für die satirischen Zeitschriften »Der

Gegner« und »Der Knüppel«, »Eulenspiegel«, »Proletarische Heimstunden« u.a. Mitte der zwanziger Jahre gab Scholz seine kritische Haltung zugunsten einer unterkühlten Neuen Sachlichkeit auf. Später wandte er sich der religiösen Malerei zu. 1933 wurde er aus politischen Gründen aus dem Lehramt in Karlsruhe entlassen.

Schulz, Wilhelm
Lithograph
1865–1952
Schulz besuchte die Bauschule Hamburg, absolvierte später ein Kunststudium in Berlin, Karlsruhe, München. Seit 1896 war er Mitarbeiter des »Simplicissimus« und später dann auch Teilhaber an diesem satirischen Blatt.

Schwesig, Karl
Maler und Graphiker
1898–1955
Schwesig, der aus einer Bergarbeiterfamilie in Gelsenkirchen stammte, studierte 1918 bis 1921 an der Akademie Düsseldorf. 1919 wandte er sich unter dem Eindruck der bewaffneten Kämpfe in Düsseldorf der revolutionären Bewegung zu und wurde später Mitglied der KPD und der Gruppe der Assoziation Revolutionärer Bildender Künstler Deutschlands (ARBKD) in Düsseldorf. Schwesig war Mitglied der Künstlervereinigung »Das Junge Rheinland« und 1928 Mitbegründer der Rheinischen Sezession. Er arbeitete für die Zeitschriften »Das Junge Rheinland«, »Freiheit« und »Die Peitsche«. Schwesig beteiligte sich 1924 mit mehreren Arbeiten an der »Ersten Allgemeinen Deutschen Kunstausstellung« in der Sowjetunion. Weil er in seinem Atelier verfolgte Kommunisten und Sozialisten verbarg, wurde er 1933 zu 16 Monaten Haft verurteilt und kam in den berüchtigten SA-Schlegelkeller. Nach der Haftentlassung gelangte er als politischer Flüchtling 1935 nach Antwerpen. Zu den 50 Blättern der Mappe »Schlegelkeller« schrieb Heinrich Mann ein Vorwort. Dieses antifaschistische Mappenwerk wurde 1936 auf dem »Ersten Europäischen Amnestie-Kongreß« in Brüssel, im selben Jahr auf der Amsterdamer »Olympiade der Diktatur« und 1937 in Moskau gezeigt. Die Originalzeichnungen sind verschollen. Während des Spanischen Bürgerkrieges entstanden Plakate und Zeichnungen. 1940 kam Schwesig in das Konzentrationslager der Vichy-Regierung. 1943 in das Düsseldorfer Gefängnis »Ulmer-Höh«. Nach seiner Flucht wurde er erneut verhaftet und gefoltert.
1937 wurden 17 seiner Werke aus Museumsbesitz als »entartet« beschlagnahmt. Nach 1945 wieder in Düsseldorf ansässig, arbeitete er für die progressive Presse.

Simmel, Paul
Karikaturist und Pressezeichner
1887–1933
Der gebürtige Berliner absolvierte eine Schlosserlehre, bevor er von 1906 bis 1908 an der Berliner Akademie studierte, er bildete sich in München und Paris weiter.
1908 wurde seine erste Karikatur in den »Lustigen Blättern« veröffentlicht.
Zahlreiche Alben erschienen seit 1923 im Verlag Dr. Eysler, dem Verlag der »Lustigen Blätter«, und machten Simmel über die »Lustigen Blätter« und die »Berliner Illustrierte« hinaus berühmt. Schwer zukkerkrank, schied der Künstler freiwillig aus dem Leben und vermachte alle Einkünfte aus seinem Werk den Kriegsblinden.

Stadler, Arthur
Karikaturist
1892–1937
Österreicher. Mitarbeiter des »Knüppel« und des »Ulk«. Vermutlich im Exil Mitarbeiter am antifaschistischen »Simplicus«, Prag.

Steinert, Willi
1886– nach 1960
Mitarbeiter von »Pieron«, »Der Wahre Jacob«, »Lachen links«, »Ulk« u.a. Zeitschriften. Lebte nach 1945 in Berlin (West).

Suwal
siehe Saul, Werner

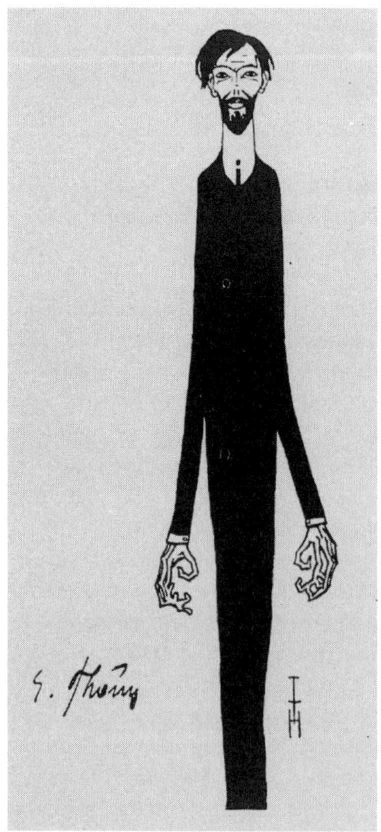

202 Eduard Thöny.
Zeichnung von Thomas Theodor Heine.
In: Lothar Lang. Thomas Theodor Heine. (Klassiker der Karikatur 1). Berlin 1984. S. 116

Szilágyi, Jolán
(eigentlicher Name: Szamuely, Jolán)
Pseudonyme: Joli, Yoli, Dobri, Jo
Ungarische Pressezeichnerin und Karikaturistin
1895–1972
Von 1914 bis 1916 erhielt die aus Nagyvárad stammende Szilágyi an der Kunstgewerbeschule und an der Freien Kunstschule in Budapest eine künstlerische Ausbildung. Sie war verheiratet mit dem ungarischen Arbeiterführer Tibor Számuely. Selbst aktiv für die Räterepublik tätig, mußte sie außer Landes gehen. Über Wien und Italien kam sie 1921 in die UdSSR. 1922 übersiedelte sie nach Berlin, wo sie für die Kommunistische Partei arbeitete. Seit 1923 war sie ständige Mitarbeiterin der Agitprop-Abteilung der KPD im Berliner Karl-Liebknecht-Haus. 1924 hatte sie Anteil an der Gründung der Roten Gruppe, 1928 Gründungsmitglied der Assoziation Revolutionärer Bildender Künstler Deutschlands (ARBKD). Betreute die Arbeiter-Zeichner-Bewegung. 1933 erneute Emigration in die Sowjetunion, wo sie bis 1948 blieb. 1948 Rückkehr nach Ungarn, wo sie bis ins hohe Alter politisch und künstlerisch wirkte.

Theuer, Oskar
Mitarbeiter des »Ulk«.

Thöny, Eduard
Karikaturist
1866–1950
Ausbildung an der Münchener Kunstakademie von 1890 bis 1895, seit 1896 Mitarbeiter und Teilhaber des »Simplicissimus«. Arbeitete auch an »Der lachende Landser«, Magdeburg, mit. 1933 Kollaboration mit den Nazis.

Trautschold, Walter
Karikaturist, Bildnismaler und Bühnenbildner
1902–1969
Studium an der Kunstgewerbeschule Berlin sowie Bühnenbildnerei bei E. Suhr. Zuerst als Bühnenbildner am Berliner Schloßparktheater tätig, seit 1922 Arbeit als freibe-

ruflicher Zeichner. Mitarbeiter von »Lachen links« und anderen Zeitungen und Zeitschriften. Schuf zahlreiche Schauspielerkarikaturen für die Filmgesellschaft Tobis, die zum Teil in dem Mappenwerk »Filmlieblinge in der Karikatur« publiziert wurden. Nach 1933 Mitarbeiter an Werner Fincks Kabarett »Katakombe« als Bühnenbildner und Kabarettist. Im Mai 1935 mit Finck verhaftet und für sechs Wochen in das KZ Esterwege bei Papenburg eingewiesen. Nach der Entlassung entstand innerhalb von drei Tagen eine Serie von Zeichnungen über das Dritte Reich. Diese Arbeiten sind »Historiographie aus der Feder eines Satirikers, der ebenso bewundernswert ist in der Schärfe seiner Beobachtungen wie in der Treffsicherheit seiner Formulierungen« (Jürgen Morschel). 1948 Teilnahme an Karikaturistenausstellung in Berlin (West). Starb dort.

Trier, Walter
Karikaturist und Illustrator
1890–1951
Studium in seiner Geburtsstadt Prag und später in München. Schuf zwischen 1910 und 1933 eine Vielzahl von Karikaturen und Titelbildern für die »Dame«, »Uhu«, »Jugend«, »Lustige Blätter« und die Kinderzeitschrift »Der heitere Fridolin«. Vor allem Illustrator der Kinderbücher Erich Kästners. Gestaltete Bühnenbilder für Revuen, stattete das »Kabarett der Komiker«, Berlin, mit Wandbildern aus, illustrierte auch deren Programmzeitschrift »Die Frechheit«. Emigrierte 1933 nach England, entwarf Titelblätter für den »Lilliput«. Starb in London.

Tyll
siehe Gäbel, Friedrich

Wagner, Günther
Pseudonyme: Gü; in der Tschechoslowakei: Pjotr
Zeichner und Fotomonteur
1899–?
Um 1920 studierte Wagner an der Kunstgewerbeschule in Berlin und anschließend dann an der dortigen Hochschule der bildenden Künste.

203 Walter Trier.
Selbstporträt.
Zeichnung.
In: Lothar Lang, Walter Trier. (Klassiker der Karikatur 4). Berlin 1984. S. 148

204 Walter Trier.
Selbstporträt.
Zeichnung.
In: Das große Trier-Buch. Berlin 1972. S. 7

1928 trat er der KPD bei und begann im Graphischen Atelier beim Zentralkomitee der KPD im Berliner Karl-Liebknecht-Haus mitzuarbeiten. Seine Zeichnungen in der kommunistischen Presse signierte er mit Gü. 1928 gehörte er zu den Begründern der Assoziation Revolutionärer Bildender Künstler (ARBKD) und übernahm den Vorsitz der Ortsgruppe Berlin. 1933 Verhaftung durch die Nazis, anschließend Flucht in die Tschechoslowakei. Antifaschistische Pressearbeit. Wegen des drohenden faschistischen Einmarsches übersiedelte er 1939 nach England. Nach der Internierung arbeitete er während des Krieges als Porzellanmaler und im Buchwesen.

Wellner, W. A.
1859–?
Der zeichnerische Senior der »Lustigen Blätter«.

Werth, Kurt
Karikaturist
1896–?
Studium an der Akademie für Graphische Künste in Leipzig. Mitarbeiter von »Simplicissimus«, »Die Ente«, »Ulk«, »Roter Pfeffer«, »Eulenspiegel«, »Rote Post«, auch Illustrator. 1933 Emigration in die USA, wo er nach 1945 starb.

Wilke, Erich
Karikaturist
1879–1936
Mitarbeiter der »Jugend«.

Wilke, Georg
Pseudonym: Geowil
Karikaturist und Pressezeichner
1891–1964
Studierte an der Berliner Akademie, seine ersten Karikaturen veröffentlichte 1916 der »Ulk«. Mitarbeiter von »Deutschland«, »Lachen links« und »Der Wahre Jacob«. 1946 Mitbegründer des »Frischen Wind«. Arbeitete für den »Eulenspiegel«.

Wilke, Hermann
Karikaturist und Pressezeichner
1876–?
Entstammt einer Braunschweiger Karikaturistenfamilie, Bruder Rudolf ist der berühmte »Simplicissimus«-Zeichner, Bruder Erich hatte sein Hauptbetätigungsfeld bei der »Jugend«. Studierte Maschinenbau und ging vor dem ersten Weltkrieg in die USA. Versuchte sich als Karikaturist beim New-Yorker Magazin »Puck«. Wieder in Braunschweig wurde er 1919 Mitbegründer der humoristisch-satirischen Zeitschrift »Till Eulenspiegel«. Nach der Übersiedlung nach Berlin arbeitete er u. a. für den »Ulk«. Von 1946 bis 1949 belebte er den »Frischen Wind« mit seinen Arbeiten. Starb in Berlin.

Wollheim, Gert H.
Maler und Karikaturist
1894–1974
Als Sohn eines Industriellen in Dresden geboren. 1912/13 Schüler von A. Egger-Lienz in Weimar, Aufenthalt in Klausen (Südtirol) und Torbole am Gardasee. 1914 bis 1918 zum Kriegsdienst in Rußland und an der Westfront eingezogen, wird zweimal verwundet. 1919 in Berlin, später in Remels (Ostfriesland) mit Otto Pankok und B. H. Hundt. 1920 bis 1925 mit Otto Dix und Pankok in der Gruppe um Mutter Ey. Von 1925 bis 1933 in Berlin. 1933 Flucht nach Paris, Mitglied im »Bund freier deutscher Künstler«. 1940 Internierung in Frankreich. 1943 Flucht nach Nay, lebt versteckt bis 1945. Von 1945 bis 1947 in Paris, dann Übersiedlung nach New York, wo er auch starb.

Wronkow, Ludwig
Pseudonym: Proleteus
Karikaturist, Pressezeichner, Journalist
1900–1982
Der gebürtige Berliner hatte, bevor der Journalismus sein Hauptberuf wurde, von 1919 bis 1922 eine Fülle von Nebenberufen (u. a. Vortragskünstler, Gehilfe bei einem Zauberer, Schaufensterdekorateur). Erste Karikaturen druckten die Berliner Wochenzeitung »Freie Presse« und das Satiricon »Faun«. Wurde nach eigener Aussage zum »Pionier der

Foto-Illustration der Berliner Tagespresse«. Illustrierte alle Blätter des Mosse-Verlages wie »Weltspiegel«, »Haus, Hof, Garten«, »Filmspiegel«. Mitarbeiter des »Ulk« und der jüdischen satirischen Zeitschrift »Schlemihl« sowie der jüdischen Jugendzeitschrift »Bar Kochba«, der »Reichsbanner-Illustrierten« sowie des »Zwölf-Uhr-Mittagsblattes« und des »Montag Morgen«. In der Emigration zunächst Chef des Bilderdienstes von France Presse in Paris (1933/34), dann bis September 1938 in Prag Mitarbeiter nahezu aller deutschen (u. a. »Simpl«, »Gegen-Angriff«) und mehrerer tschechischer Blätter. 1938 ging er in die USA und arbeitete als Executive Director der deutsch-jüdischen Wochenzeitung »Aufbau«, wo er auch noch regelmäßig Karikaturen veröffentlichte. Kurz vor seinem Tode erhielt er für seine Verdienste im antifaschistischen Kampf die Ehrendoktorwürde der Freien Universität, Berlin (West). Starb während eines Fluges nach seiner alten Heimat in Lissabon.

Yoli
siehe Szilágyi, Jolán

Zille, Heinrich
Karikaturist, Zeichner und Graphiker
1858–1929
Geboren in Radeburg/Sachsen. 1867 Übersiedlung der Familie nach Berlin. 1872 bis 1874 Lehre als Lithograph, daneben Zeichenunterricht an der Kunstschule bei Th. Hosemann und C. Domschke, 1877 bis 1907 Lithograph in der Photographischen Gesellschaft. Seit 1900 war er zeichnerischer Mitarbeiter an Zeitungen und Zeitschriften (»Lustige Blätter«, »Jugend«, »Simplicissimus«, »Sichel und Hammer«, »Lachen links«, »Knüppel«, »Arbeiter-Illustrierte-Zeitung« /AIZ/, »Eulenspiegel« u. a.). Zille gehörte der SPD an, später trat er der KPD bei. 1924 wurde Zille als Ordentliches Mitglied in die Preußische Akademie der Künste gewählt und zum Professor ernannt. Nach seinem Tode wurde der Zille-Film »Mutter Krausens Fahrt ins Glück« uraufgeführt, im gleichen Jahr (1929) erschien auch das von Hans Ostwald herausgegebene »Zille-Buch«.

Zille, Walter
Zeichner und Graphiker
1891–1959
Sohn von Heinrich Zille, signierte seine Arbeiten, die oftmals im zeichnerischen Duktus seines Vaters gehalten waren, mit dem Namen Zille jun. Mitarbeiter von »Der Brummer«, »Der Dorfbarbier«, »Meggendorfer Blätter« u. a.

Zille jun.
siehe Zille, Walter

zyx
siehe Holtz, Karl

205 Heinrich Zille.
Selbstporträt.
Zeichnung.
In: Mathias Flügge. Heinrich Zille. (Klassiker der Karikatur 18). Berlin 1979. S. 3

ANHANG

LITERATURHINWEISE

Die Literaturhinweise beschränken sich vorrangig auf neuere Titel, deren ausführliche Literaturverzeichnisse Hinweise auf weiterführende Publikationen enthalten.

Allgemeine Literatur

Anklage und Aufruf. Deutsche Kunst zwischen den Kriegen. Katalog. Staatliche Museen. Berlin 1964

Bärenspiegel. Berliner Karikaturen aus drei Jahrhunderten. Hrsg. Harald Kretzschmar und Rosemarie Widerra. Berlin o. J. (1980, 2. Aufl. 1985)

BEIER-RED, ALFRED: Die Karikatur als Kampfmittel der revolutionären Arbeiterschaft in der Weimarer Republik. In: Bildende Kunst. (1963) 10

Ereignis – Karikaturen. Geschichte in Spottbildern 1600–1930. Katalog Westfälisches Landesmuseum für Kunst und Kulturgeschichte. Münster 1983

Der freche Zeichenstift. Hrsg. Herbert Sandberg. Berlin o. J. (1963)

HORN,URSULA: Der Knüppel. Zur proletarisch-revolutionären Karikatur zwischen 1918 und 1933. In: Bildende Kunst. (1978) 11

Mittel und Motive der Karikatur in fünf Jahrhunderten. Bild als Waffe. Hrsg. Gerhard Langemeyer, Gerd Unverfehrt, Herwig Guratzsch und Christoph Stölzl. Katalog. München 1984

OLBRICH, HARALD: Proletarische Kunst im Werden. Berlin 1986

PILTZ, GEORG: Geschichte der europäischen Karikatur. Berlin 1976

Realismus und Sachlichkeit. Aspekte deutscher Kunst 1919–1933. Katalog. Staatliche Museen. Berlin 1974.

Revolution und Realismus. Revolutionäre Kunst in Deutschland 1917 bis 1933. Katalog. Staatliche Museen. Berlin 1978

Sozialistische deutsche Karikatur 1848 bis 1978. Von den Anfängen bis zur Gegenwart. Hrsg. Harald Olbrich. In Zusammenarbeit mit Klaus Haese, Ursula Horn, Lothar Lang, Georg Piltz. Berlin 1979

Wem gehört die Welt. Kunst und Gesellschaft in der Weimarer Republik. Katalog. Neue Gesellschaft für Bildende Kunst. Berlin (West) 1977

Literatur zu einzelnen Zeitschriften

Fliegende Blätter – Meggendorfer Blätter. Katalog. Galerie J. H. Bauer. Hannover 1979

GRÜNEWALD, DIETRICH: Studien zur Literaturdidaktik als Wissenschaft literarischer Vermittlungsprozesse in Theorie und Praxis. Zur didaktischen Relevanz von Satire und Karikatur. Verdeutlicht am Beispiel der satirischen Zeitschrift Eulenspiegel/Roter Pfeffer. 1928–1933. Diss. Gießen 1976

HAESE, KLAUS: Die gesellschaftskritische Karikatur im »Simplicissimus«. Karikatur und kritischer Realismus. Diss. Greifswald 1967

Kladderadatsch. Die Geschichte eines Berliner Witzblattes von 1848 bis ins Dritte Reich. Hrsg. Ingrid Heinrich-Jost. Köln 1982

KONRAD, RUPRECHT: Nationale und internationale Tendenzen im »Simplicissimus« (1896–1933). Der Wandel künstlerisch-politischer Bewußtseinsstrukturen im Spiegel von Satire und Karikatur in Bayern. Diss. München, Bayreuth 1975

Lachen links. Das republikanische Witzblatt. 1924 bis 1927. Hrsg. Udo Achten. Berlin (West), Bonn 1985

SCHULZ, KLAUS: »Kladderadatsch«. Ein bürgerliches Witzblatt von der Märzrevolution bis zum Nationalsozialismus 1848 bis 1944. Bochum 1975

Simplicissimus. Eine satirische Zeitschrift, München 1896–1944. Katalog. Haus der Kunst. München 1977

Der Wahre Jacob. Ein halbes Jahrhundert in Faksimiles. Hrsg. und eingeleitet von Hans J. Schütz. Berlin (West), Bonn, Bad Godesberg 1977 (2. Aufl. 1979)

WORM, HARDY: Das Hohelied vom Nepp. Hrsg. Wolfgang U. Schütte. Berlin 1976. Darin zu »Die Ente«: S. 368–377

Literatur zu einzelnen Künstlern

Boris Angeluschew. Katalog. Berlin 1975

DÜCKERS, ALEXANDER: George Grosz. Das druckgraphische Werk. Frankfurt/Main 1979

GRIEBEL, OTTO: Ich war ein Mann der Straße. Lebenserinnerungen eines Dresdner Malers. Halle, Leipzig 1986

Das große Trier-Buch. Hrsg. Lothar Lang. Berlin 1972 (3. Aufl. 1984)

Heinrich Zille 1858–1929. Autorenkollektiv des Märkischen Museums Berlin unter Leitung von Renate Altner. Berlin o. J. (1980)

HERZFELDE, WIELAND: John Heartfield. Leben und Werk, dargestellt von seinem Bruder. Dresden 1962 (2. Aufl. 1971, 3. Aufl. 1976, Taschenbuchausgabe 1986)

HESS, HANS: George Grosz. London 1974 (deutsche Ausgabe: Dresden 1982)

Karl Arnold. Leben und Werk des großen »Simplicissimus«-Zeichners. Hrsg. Fritz Arnold. Einleitung Wieland Schmied. Hamburg 1979

Karl Arnold: Werke aus den Jahren 1908–1942. Katalogbearbeitung: Thomas Matuszak. Galleria Henze. Campione d'Italia 1986

KESSEL-THÖNY, DAGMAR von: Eduard Thöny. Leben und Werk. Diss. München 1974

LANG, LOTHAR: George Grosz (Klassiker der Karikatur 19). Berlin 1979

LANG, LOTHAR: Herbert Sandberg. Leben und Werk. Berlin 1977

LANG, LOTHAR: Thomas Theodor Heine (Klassiker der Karikatur 1). Berlin 1968 (2. Aufl. 1984)

LANG, LOTHAR: Walter Trier (Klassiker der Karikatur 4). Berlin 1970 (2. Aufl. 1984)

Marcel Frishman. Der Mann auf der Straße. Mit einer Einführung von Walter Heese. Dresden 1962

Olaf Gulbransson. Werke und Dokumente. Archiv für Bildende Kunst am Germanischen Nationalmuseum Nürnberg. München 1980

Rudolf Schlichter. Staatliche Kunsthalle. Berlin (West) 1984

Sándor Ék. Malerei und Grafik. Hrsg. Gábor Ö. Pogány. Berlin 1960

SCHMIDT, DIETHER: Otto Griebel Berlin 1973

SCHNEEDE, UWE M.: George Grosz. Leben und Werk. Stuttgart 1975

SCHÜTTE, WOLFGANG U.: Karl Holtz. (Klassiker der Karikatur 21). Berlin 1983

SEIDEL, INNA: Alfred Beier-Red – ein bedeutender Vertreter der proletarisch-revolutionären und sozialistischen Karikatur und Pressezeichnung. Diss. Leipzig 1973

SIEPMANN, ECKHARD: Montage. John Heartfield. Berlin (West) 1977

TRÜBENBACH, ARMIN: Thomas Theodor Heine. Leben und Werk im Hinblick auf sein karikaturistisches Schaffen und publizistisches Wollen. Diss. Berlin (West) 1956

WOLKERS, URSULA: Beiträge zum publizistischen Schaffen Olaf Gulbranssons. Diss. Berlin (West) 1964 (Korbach 1964)

REGISTER

Die geradstehenden Zahlen verweisen auf Textstellen, die kursiven auf Abbildungsnummern.